圖解 有趣到睡不著

犯罪心理學

法政大學文學院心理學系教授
越智啓太 監修
Ochi Keita

晨星出版

前言

犯罪心理學是一門針對犯罪者的行為與心理進行科學分析的學問。在日本，包括大學在內，在法務省、家庭裁判所、警察的科學搜查研究所和少年課等機構中，共有一千多名的犯罪心理學家（包括法務技官（註：相當於我國法務部矯正署之心理輔導員）和家事調查官）。這些專家透過平時與罪犯或非行少年的面談，以及參與案件的調查和審判，一直致力於解開犯罪現象的全貌。

犯罪心理學已有超過一百年的歷史，透過大量的研究、司法刑事與矯正實務，目前已經解開了許多與犯罪相關的事項。然而，犯罪心理學這門學問的正確知識卻一直沒有被大家所了解。我認為原因之一，是人們常常只看了電視劇、推理小說、動畫或是新聞報導，就誤以為自己已經了解犯罪心理學。但事實上，在現實世界中幾乎不會出現如同電視劇一般的案件。大家對於犯罪或是犯罪者的印象，也往往脫離現實。此外，一些電視上的「犯罪心理學家」或是評論員所提供的錯誤解說或是評論也可能誤導觀眾。更令人驚訝的是，在這些針對案件發表如同專家一般言論的人們當中，不乏對犯罪者幾乎毫無實際接觸經驗的人。

因此，本書的目的，在於儘量以簡明易懂的方式來向大家介紹犯罪心理學這門學問，而且是根據調查數據、實驗數據、對犯罪者及非行少年的評估和臨床活動等資料，也就是所謂的證據，所構成的犯罪心理學。只要看完這本書，相信大家會發現犯罪心理學這門學問不僅充滿趣味性，而且內含有許多重要的研究成果。不過，犯罪現象十分多樣化，並且會隨著時代變遷而改變，因此至今仍有許多尚不明確或是只能達成暫時性結論的部分。要解開這些問題，還需要專業的犯罪心理學家以及更多人的共同努力。

大家若是在閱讀本書後對其中所提及的各個主題產生興趣的話，希望大家除了上網搜尋，也可以儘量去查閱更詳細的相關文獻，我想這樣應該就能更深入地了解犯罪心理學了。

法政大學教授　越智啓太

第1章

犯罪心理學的基礎

Chapter 1

什麼是犯罪心理學？

犯罪心理學的研究對象

一提到「犯罪心理學」，大家可能會產生一種強烈的印象，覺得這是在發生重大案件時研究「為什麼會做出這麼殘忍的犯罪？」等犯人的心理，或是透過「犯罪剖繪」來推測犯人的性格或居住地的一門學科。

然而，這個印象與現實中的犯罪心理學仍有些許差異。這是因為**犯罪心理學所涵蓋的領域還要更廣泛，並不僅是研究犯人的心理或是對犯人進行側寫的學問**。

具體而言，犯罪心理學所研究的範疇，包括研究人為何會成為犯罪者的「犯罪原因論」、應用心理學知識研究如何有效逮捕犯人的「搜查心理學」、將心理學知識應用於審判程序的「審判心理學」、研究如何使犯罪者或非行少年重新融入社會的「矯正心理學」，以及調查犯罪者的行為特徵，並根據該知識制定有效防範措施的「犯罪預防心理學」等領域。

換句話說，**所謂犯罪心理學，是一門「針對與犯罪現象有關的各種問題，運用心理學的方法進行研究，並將所獲得的規律應用在司法和行政上」的學問**。

犯罪心理學的領域

犯罪心理學

犯罪原因論

對犯罪原因進行探討的研究。犯罪原因論包括以下幾種方法：

■生物學的途徑

研究荷爾蒙、神經傳導物質、基因、營養等因素與犯罪之間的關係。

■心理學的途徑

研究成長歷程中的學習、人格特質、大眾媒體所造成的影響與犯罪之間的關係。

■社會學的途徑

研究人際關係、地域社會、文化、社會制度及經濟狀況等因素與犯罪之間的關係。

搜查心理學

運用心理學知識來協助找出與逮捕犯人的學問。包括罪犯剖繪或地緣剖繪、有效的審訊技巧研究、挾持人質事件中與犯人之間的談判作業或攻堅時機的決策研究。

審判心理學

研究如何處理審判過程中發生的心理學問題。例如審判過程中的證詞是否具有可靠性、陪審員或審判員是如何思考才做出判決，除此之外，判斷犯罪者責任能力的精神鑑定也屬於審判心理學的範疇。

矯正心理學

針對犯罪者或非行少年的資質鑑別，以及如何使其反省自身罪行並予以矯正進行研究與實踐的學問。

犯罪預防心理學

調查犯罪者的行為特徵，並基於此知識制定有效防範措施的學問。包括研究容易發生犯罪的環境條件、能夠防止犯罪的住居設計、都市計畫及犯罪預防教育等。

Chapter 2

犯罪心理學在各個現場能發揮什麼作用？

用於防範、偵查、審判與更生

犯罪心理學這門學問，在我們的生活當中能發揮什麼作用呢？

首先是防範犯罪的發生。**為了有效防範犯罪，將都市及住家設計成能夠有效減少犯罪的環境設計，或是致力打造出有利於保護自身的空間規劃，這些相關措施都是至關重要的**。這些措施的理論基礎之一是「破窗效應」。該理論認為，如果某個地方破了一扇窗戶而未被處理，則暗示該地方處於無人管理的狀態，最後很可能會變成一片無法無天的區域。

其次則是搜查。**在犯罪發生並且要找出犯人時，會利用「犯罪剖繪」****（詳見第60頁）****等手法來判斷犯罪者的特徵並鎖定嫌疑人。**

第三是審判。日本目前也實施了裁判員制度，其中涉及到的選定一般人參與審判及其心理輔導等事項，就會使用到犯罪心理學。此外，為了確保審判的公正性，精神鑑定等工作也是相當重要的一環。

最後是對曾犯下罪行的人提供更生的相關支援。特別是針對犯罪少年的矯正工作尤為重要，除此之外，還包括透過心理諮商或心理治療等方式，協助犯人重新融入社會。

由此可見，當今社會中犯罪心理學所涉及的領域十分廣泛。

犯罪心理學的主要用途

犯罪心理學有很多用途

防範犯罪

■預防犯罪的發生
- 環境設計
- 容易防衛的空間
- 破窗理論

搜查

■協助犯罪偵查
- 犯罪剖繪
- 談判技巧
- 測謊儀檢測

審判

■確保審判的公平性
- 輔助裁判員制度
- 鑑定證詞的可信度
- 對嫌疑人進行精神鑑定

更生

■協助罪犯改過自新
- 對非行少年進行評估
- 心理諮商
- 提供社區支援

在防範犯罪的目的下活用「破窗理論」

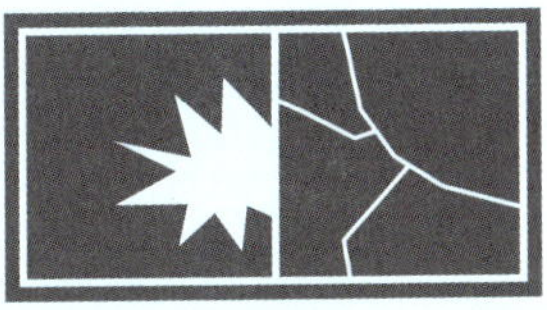

當建築物的窗戶破掉時……

既然這裡的管理那麼差，那做壞事應該也沒關係囉！

這種情況一旦多次累積之後，當地的治安便會逐漸惡化

但若是能及時修復破損的窗戶，便會讓大家知道「這裡是一個管理良好的地方」，使犯罪行為不易發生。同時也能以此為契機，改善整個地區的治安。

Chapter 3

我們能夠透過外表來判斷誰是犯罪者嗎？

僅憑外表並不能判斷誰是犯罪者

曾經犯過罪的人，或是即將要犯罪的人，我們能夠用眼睛分辨得出來嗎？

從結論來說，**根據目前的研究，一般都認為無法僅靠外表來明確地判斷誰是犯罪者。**

針對這個議題，有許多研究者都進行了探討。

最開始研究身體特徵與犯罪之間關係的人，是義大利的醫學家龍布羅梭（Cesare Lombroso）。他將收監於監獄中的犯罪者與非犯罪者進行比較，試圖找出其中的差異。經過多次研究，龍布羅梭認為犯罪者具有以下的身體特徵：①腦部比較小、②頭蓋骨比較厚、③下顎比較大、④額頭比較窄、⑤耳朵比較大、⑥牙齒排列異常、⑦鷹勾鼻及⑧長手臂。他從這些特徵所得出的結論是，這些犯罪者更加接近動物而非人類。

龍布羅梭的研究，其可評價之處在於他以人類學的觀點來看待犯罪。然而，從現代的角度來看，他的學說其實存在有許多問題。

此後，雖然各種相關的研究仍在持續進行，**近年也出現了「連續犯罪者的眼睛帶有某些特徵」的研究結果，或是「臉部橫幅較窄的男性容易成為凶殺案的受害者」等假設**，然而，這些說法都僅停留在基於某些統計數據得出的假設階段，目前為止都沒有得出可以僅憑外表來判斷犯罪者或受害者的結論。

身體特徵與犯罪關係之研究

龍布羅梭的犯罪人類學研究法

十九世紀後半的義大利醫學家龍布羅梭，從人類學的觀點出發試圖找出犯罪的原因。

龍布羅梭提出的犯罪者身體特徵

腦部比較小	耳朵比較大
頭蓋骨比較厚	牙齒排列異常
下顎比較大	鷹勾鼻
額頭比較窄	長手臂

→

近年來的研究中有關犯罪與外表的假設

■可以從外表看出誰是連續殺人犯

只展示連續殺人犯與非連續殺人犯的眼睛照片讓觀看者評估其信賴度及好感度，結果顯示殺人犯是不受人信賴的，而且不會讓人產生好感。

■臉部橫幅較窄的男性容易成為凶殺案的受害者

根據美國的數據，對暴力殺人事件的受害者進行調查後發現，臉部橫幅較窄的男性比例較高。

→ 不過，目前普遍的觀點都認為僅憑外貌無法判斷一個人是否為犯罪者。

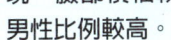

Chapter 4

犯罪行為與睪固酮的關係

睪固酮與攻擊性

針對犯罪者的生物學特徵，例如荷爾蒙、神經傳導物質或染色體等各種不同的因素，也有研究在調查其與犯罪之間的相關性。其中，**與犯罪具有明顯關聯性的，就是男性荷爾蒙中的「睪固酮」**。

詹姆士・麥克布萊德・戴柏斯（James McBride Dabbs）曾針對囚犯唾液中睪固酮的濃度，調查其與所犯的罪行是否具有暴力性，以及罪犯在監獄內是否有違規行為之間的關聯性。研究結果顯示，睪固酮的濃度愈高，愈容易犯下暴力型的犯罪，也更容易違反規則。另外，這種傾向在女性囚犯中也有發現。

隨著後續研究的進展，人們發現這種關聯性並非絕對，而是相對於該個體所屬的群體而定。例如，在黑猩猩等動物的實驗中顯示，社會地位的上升會使睪固酮的濃度發生變化。而在人類方面，睪固酮的量也可能隨著周圍的社會條件而發生改變。

此外，還有研究結果顯示，睪固酮的影響不僅與攻擊性相關，也與勇氣存在著關聯，例如消防員的勇氣大小與其睪固酮的濃度就具有相關性。

荷爾蒙與犯罪的關係

男性荷爾蒙「睪固酮」

睪固酮屬於男性荷爾蒙，但在男性和女性體內皆有存在。目前有研究指出睪固酮的濃度較高時，有可能會導致攻擊性增加。

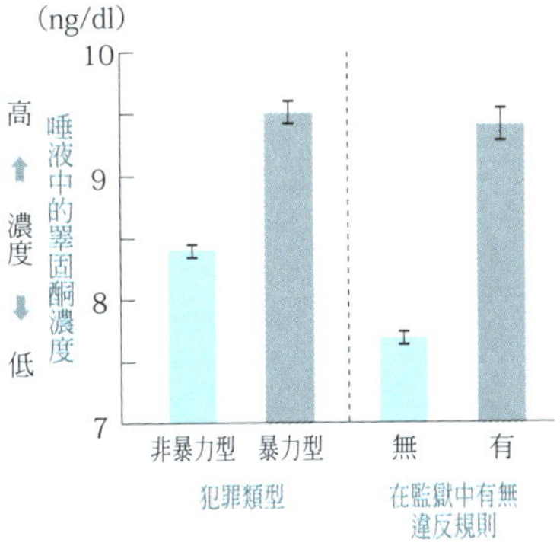

睪固酮與犯罪的關係（Dabbs & Dabbs,2000）

研究者達布斯等人調查了一百一十三名受刑犯唾液中所含的睪固酮濃度。結果顯示，睪固酮濃度愈高的受刑犯，愈容易犯下暴力型的犯罪，並且在監獄中也更容易違反規則。

➔ 睪固酮與犯罪之間可能存在某種因果關係。

有關睪固酮的假說

社會地位提高時，睪固酮濃度也會發生變化。

消防員的勇氣大小與睪固酮濃度存在一定關聯。

➔ 雖然有多種理論，但針對睪固酮濃度與攻擊性之間的關聯性，目前仍未得到一致的結論。

Chapter 5

殺人犯的大腦與其他人有什麼不同

與殺人行為相關的前額葉皮質

近年來，有關大腦功能與犯罪之關聯性的研究十分受到關注。這類研究主要在探討不同的大腦結構或功能障礙是否會對個人的行為造成影響，例如出現暴力傾向。

研究人員雷恩就曾對四十一名殺人犯和相同數量的非犯罪者進行了實驗，比較他們的大腦有何不同。實驗非常簡單，參與者只需要在看到螢幕上出現圓圈時按下反應按鈕，並持續進行三十二分鐘，期間他們的大腦活動會被記錄下來。而結果顯示，**殺人犯的大腦前額葉皮質的活動較弱**。

前額前皮質位於大腦的前側區域，負責在事前制定計畫、調整行動、抑制衝動，同時還具有保持注意力的功能。一旦該部位無法充分運作時，就**可能導致無法控制怒氣、出現衝動性的暴力、嚴重時甚至演變成殺人行為的機制發生**。

關於這種前額葉皮質的功能障礙，就曾經有案例顯示，某些人在因為事故而造成該部位的損傷之後，性格變得具有攻擊性且衝動。

此外，在冷靜沉著且會按照計畫執行犯罪的連環殺人犯中，也有發現其前額葉皮質沒有受到損傷或異常的案例。

大腦與犯罪的關聯性

雷恩的實驗

犯罪學者雷恩對四十一名殺人犯及相同數量的普通人進行有關大腦運作的實驗。

受試者在螢幕前等待，只要畫面出現○符號時就按下反應按鈕，持續進行三十二分鐘，期間用儀器檢查受試者大腦的狀態。

《結果》
殺人犯與一般人比較起來，大腦前額葉皮質的活動力較弱。

前額葉皮質

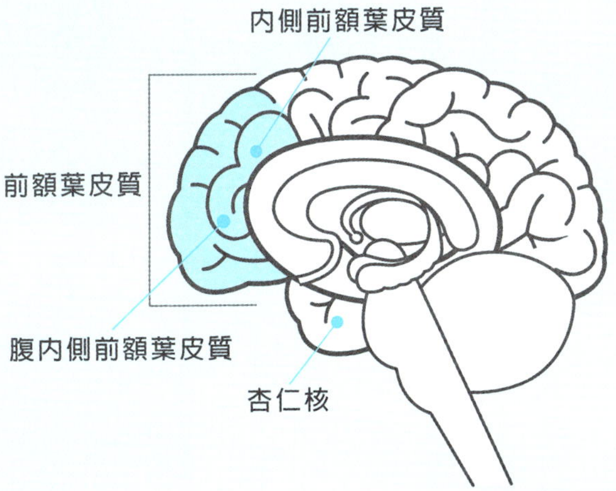

右大腦半球的內側面

前額葉皮質擁有在事前制定計畫、調整行動、抑制衝動及維持注意力的功能。
此處若有損傷，可能會導致個性變得衝動，更容易做出犯罪行為。

Chapter 6

真的有容易犯罪的性格存在嗎!?

有犯罪傾向的性格特徵

從心理學的角度來看犯罪，可以看出某些性格特徵會使人更容易犯罪。現在就來說明其中幾種特徵。

首先是「敵意歸因偏差」。**有這種認知傾向的人，在外界出現某種刺激時，很容易將其解讀為是在對自己挑釁或攻擊。**

其次是「敵意反芻傾向」。一般而言，被激起的憤怒會隨著時間逐漸平息。然而，這種類型的人會**不斷地去回想引發憤怒的情境，導致憤怒感一直持續下去。**

第三是「欠缺自我控制的能力」。顧名思義，這種特徵是無法抑制自身的欲望或情緒，**傾向於追求當下的滿足感**。

最後是「終生持續型反社會性」。大多數人只會在青春期時做出偏差行為，但這種類型的人則是**在一生中不斷地重複犯罪**。其原因可能與這些人的遺傳基因有關，或者是基因影響下造成的神經學異常所導致。

此外，具有「自戀傾向」、戀慕自己並認為自己十分特別的人，也被認為具有較強的攻擊性。

所謂容易犯罪的性格

是指主要的性格特徵與犯罪有深刻的相關性

敵意歸因偏差

很容易把來自外界的刺激（語言、行為等）解讀成是在對自己挑釁或攻擊的認知傾向。

敵意反芻傾向

怒氣一旦被引發後，就會傾向於在腦海中不斷重複那個引發怒氣的事件。

欠缺自我控制的能力

無法抑制自身的欲望或情緒，不會為他人著想也不具同理心的特性。

終生持續型反社會性

不只在青春期，終其一生持續做出反社會行為的特性。

可能會增加攻擊性的「自戀傾向」

自己是特別的人類

別人應該要給我特殊待遇

跟自己比起來其他人都是廢物

別人對我的評價都不公平

所謂自戀傾向，是一種戀慕自己、覺得自己非常特殊的傾向。在過去，這種傾向被認為可以抑制暴力或犯罪，然而，近年來卻有研究指出，這種傾向可能會增加攻擊性。

Chapter 7

「心理病態」很容易成為犯罪者？

心理病態傾向與犯罪

「心理病態（Psychopathy）」是一個近來經常會聽到的詞彙，而心理病態傾向也被認為是容易犯罪的性格特徵之一。

所謂心理病態傾向，**是一種極度自我中心且性格衝動的人格障礙**，但並不會出現精神病的症狀。其特徵包括沒有責任感、感情淡薄、缺乏同理心、沒有罪惡感、做人不老實且不真誠等。

他們會犯下罪行的背景，來自於不顧及他人、只追求滿足自己欲望的自私思維。此外，他們還具備冷酷、把別人當作是自己的工具般對待的特質。

雖然平時會表現出沒有道德感的性格，但由於其充滿自信的行為與滔滔不絕的言談，有時表面上看起來可能還別有一番魅力。

具有心理病態傾向的人雖然有時會犯下殺人罪，但其犯行是具有特徵性的。他們較少因為憤怒而衝動地犯罪，反而大多是將殺人當作達成某種目的的手段，屬於工具型犯罪。

儘管心理病態傾向被視為邪惡的人格，但由於他們**能隨時保持冷靜且不畏冒險，因此其中也有不少人活躍於義勇消防員、創新者、急診醫師等領域**。

心理病態的人格特質

心理病態是什麼？

心理病態是一種極度自我中心且性格衝動的人格障礙。這是先天的性格特徵，終其一生皆是如此，被認為與神經系統的問題有關。

缺乏同理心、罪惡感。

沒有責任感、感情淡薄。

不真誠且不老實。

充滿自信的行為與滔滔不絕的言談，有時表面上看起來別有一番魅力。

為了實現自己的欲望不顧及他人。

將他人當作自己的工具，冷酷無情。

↓

這些特性可能會引發重大犯罪

心理病態犯下的殺人事件特徵

很少因為憤怒等情緒而衝動地犯罪。

將殺人當作是一種手段。

殺人本身並非目的，而是作為達成目的的工具。

另一方面，也有人利用自己的心理病態特質，從事義勇消防員、創新者或急診醫師等職業。

Chapter 8

是社會結構導致犯罪出現的嗎？

▼從社會因素來解讀犯罪的「脫序理論」▲

前面的章節我們從生物學和心理學的角度來探討犯罪的原因，但**也有研究認為，犯罪的原因可能存在於圍繞人們的社會中**。這方面的代表理論是由涂爾幹（Durkheim）和默頓（Merton）所構建的「脫序理論（Anomie Theory）」。

在脫序理論中，首先要考慮的是**個人是否接受或拒絕社會成員共同擁有的目標（即文化目標）**。這些文化目標在美國指的是財富和名聲，而在日本則是學歷等目標。

另一方面，則還需要觀察個人是否接受或拒絕法律、教育、認真工作等制度化的手段來達成目標。**透過這兩個軸線的組合，就可以了解到這個人的立場**。

默頓將這種狀態視為文化目標與制度化手段之間的緊張狀態。

在這種狀態下，當個人接受文化目標但拒絕制度化的手段，便會不惜採取非法手段來獲取財富或名聲，於是導致犯罪行為出現。而個人若是拒絕文化目標也拒絕制度化的手段，就會變得抱持著就算非法也要追求當下快樂的態度，於是導致藥物濫用等犯罪行為出現。

從脫序理論來看犯罪的成因

犯罪的成因有哪些觀點？

內在的因素

將性格或大腦功能等人類內在的因素視為犯罪成因的觀點。

環境的因素

認為犯罪的成因來自於社會結構或所處環境等外部因素的觀點。

脫序理論等

從「脫序理論」來看社會結構

脫序是指沒有規範、不受控制的狀態。在社會中，文化目標與制度化手段之間的關係，可能會導致一些人走向犯罪。

默頓的脫序理論框架

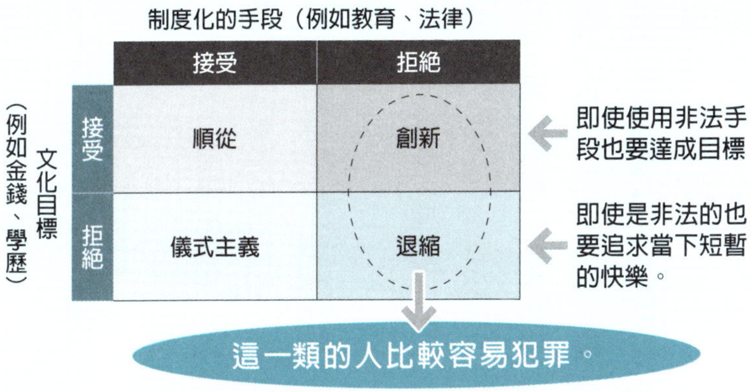

文化目標和制度化手段共同成立的情況被稱為緊張狀態。此外，除了這些框架之外，還有一些人會擁有新的目標並思考新的手段（這一類的人屬於「反叛」）。

Chapter 9

「家庭環境有問題＝容易走入歧途」是錯誤的嗎!?

朋友關係造成的影響比家庭更大

每當少年犯罪受到關注時，其家庭環境往往會成為眾人的焦點。舉例來說，如果孩子是在父母的暴力下成長的話，很容易把攻擊對方當成是一種解決問題的方式。

然而根據實證研究的結果，大多數見解卻認為造成偏差行為的原因中，家庭環境的影響並不像一般認為的那麼大，**反而是朋友關係的影響更為顯著**。

當然，如果孩子因為家庭問題而不願意待在家裡，的確有可能因此而交到壞朋友。而且，如果親子關係淡薄，父母可能不知道孩子在哪裡和誰一起玩，自然也就不容易發現到孩子可能正與不良幫派有所往來。然而，這些都不是直接的原因，因此如果**認為是家庭環境出現問題才讓孩子走入歧途的話，這種想法可能太過武斷**。

之所以會做出偏差行為，除了受到朋友關係的影響之外，本人個性上的問題也占了很大的原因。**無法克制欲望或情緒，或是無法忍受欲望沒有得到滿足的感覺，這一類缺乏自我控制能力的人（參見第18頁），更容易步入歧途**。當然，在實際犯下罪行後，若想要讓少年能夠改過自新，家庭的存在在這個過程中無疑是十分重要的。

偏差行為與家庭環境的因果關係

對偏差行為造成影響的因素

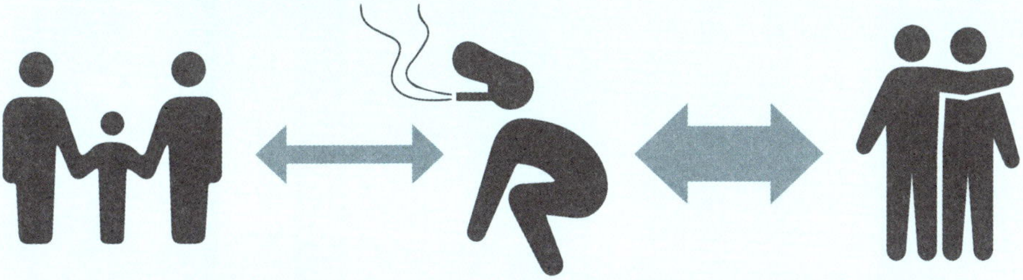

與偏差行為有直接關係的因素當中，朋友關係的影響比家庭關係更大。

家庭環境與偏差行為

由於雙親不和睦等原因使得孩子感到難以在家中待下去，因而接觸到不良幫派的機會增加，雖然這並非直接原因，但確實有導致孩子步入歧途的案例。

無論家庭環境如何，做出偏差行為的原因大多與個人的性格特質有關，例如缺乏自我控制能力、自尊心極高或極低等因素。

為什麼會加入不良幫派？

會變不良分子與不會變不良分子的人

因受朋友影響而步入歧途的人，其事例可以用蘇哲蘭（Sutherland）提出的「差別接觸理論（Differential Association Theory）」來做出某種程度上的解釋。

我們行為的基礎，也就是我們的價值觀，是透過學習身邊的人而形成的。因此，如果學習的對象有蔑視法律的情形或是做出反社會行為的話，那麼我們也會傾向去做出相同的行為。而且**與擁有相同價值觀的人在一起會產生一種安全感**，所以才會去加入不良幫派。

然而，這個理論也會引發一個問題，那就是為什麼有些人即使與不良分子交往，也不會變成不良少年呢？

目前認為可能的原因之一是「差別同化理論（Differential Identification Theory）」。根據唐納德・雷・克雷西（Donald Ray Cressey）的說法，即使沒有直接接觸，**如果將電視或電影中的名人看作是理想的話，就可能學習到那些人的行為**。舉例來說，如果看了黑幫電影並憧憬其中的主角，就有可能會逐漸變成壞人。可是如果憧憬的是活躍的運動選手，則可能會將那個人當作目標並試圖與其同化。

此外，如果一個人本身擁有善惡分明的正向自我概念的話，**即使周遭有朋友是不良分子也不會因此而加入不良幫派，這種現象稱為「犯罪絕緣體理論」**。

差別接觸理論的概要與問題點

差別接觸理論

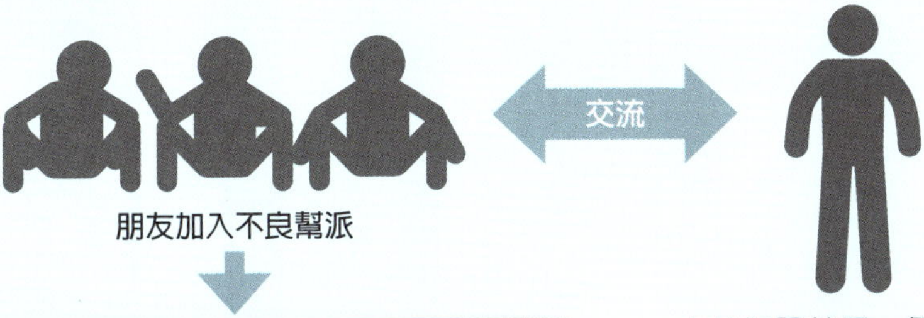

如果彼此親近的話，就可能學習到不良行為。

由於歸屬於同一個團體，能獲得安全感。

無法解釋為什麼有些人即使與不良分子交情良好但卻不會步入歧途的問題。

差別同化理論

即使不是身邊認識的人，若是透過電視等管道對其感到憧憬並將之當作目標的話，也可能不會受到周圍不良分子的影響。

犯罪絕緣體理論

因為擁有良好的家庭關係或喜愛學校的心情等因素，讓人產生正向的自我概念，並因此採取遠離犯罪的行為。

符合這些理論的各種因素，會決定一個人是否加入不良幫派。

Chapter 11

「非行少年」這個標籤會讓偏差行為更加惡化嗎？

與偏差行為有關的標籤理論

人們往往會對某人貼上標籤，並以此來看待對方。而**被貼上標籤的人的內在也可能會隨之改變**。針對這種現象，霍華德・索爾・貝克爾(Howard Saul Becker)針對非行少年提出了「標籤理論」。

假設某個少年偶然之間犯下某種罪行，這或許只是一時的行為，如果事情就此結束的話，或許他還能成為一個正直的成年人。然而，在他被逮捕並送入少年觀護所之後，一旦這件事傳開，他便會被貼上**「進過觀護所的不良少年」這樣的標籤**。接下來，隨著周圍的人不斷地這樣看待他，**他很可能會因此而持續犯下罪行**。

這種標籤是由司法機關或社會所加諸的。取締犯罪並將人送往更生設施的過程本身就蘊藏了矛盾，一方面對犯罪者進行了標籤化，另一方面卻反而助長了偏差行為。為了因應這種情況，美國曾採取減少犯罪化、儘量避免讓少年進入少年感化院等措施。然而，這些措施對於減少犯罪的效果並不顯著。**由此可知，僅憑一種理論並不能綜觀全貌，在制定對策時必須綜合考量各種因素才是關鍵。**

標籤理論與偏差行為的關係

標籤理論

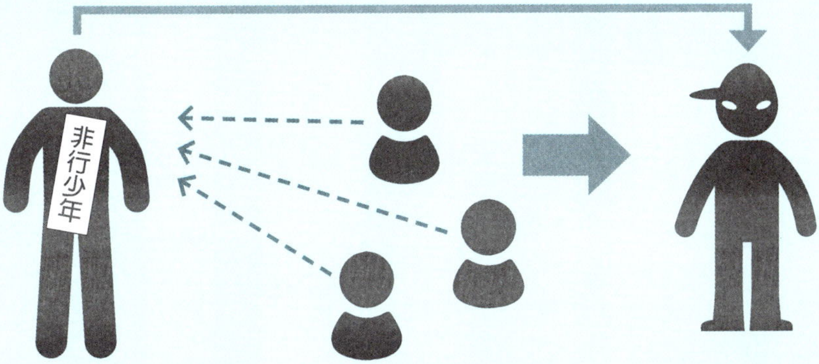

社會將其貼上了「非行少年」的標籤。

周遭的人也將其看作是非行少年。

逐漸變成會做出更多偏差行為的人。

人會因為周遭的人如何看待自己而大幅度地改變行為。

貼標籤的人是哪些人？

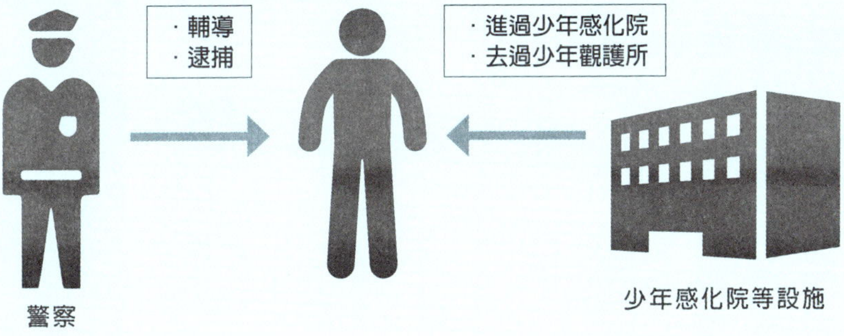

為了消除偏差行為和犯罪所設立的社會制度，反而可能對人進行了標籤化，甚至可能妨礙到更生的進程。

Chapter 12

人類真的會因為遊戲或動畫的影響而變得暴力嗎？

可能會有的兩個效果

懸疑片或動作片等含有暴力情節的電影或動畫向來很受歡迎。像這樣的影片對於觀眾心理會造成什麼樣的影響呢？

關於這一點，有兩種學說可供參考。一種是「觀察學習理論」。此理論認為，**觀看暴力影像會讓人學習到這種行為，進而成為做出相同行為的動機。**

另一個學說「宣洩（Catharsis）理論」。此學說與觀察學習理論相反，認為**觀看暴力影像能夠讓人釋放情緒，進而抑制暴力行為。**

在進行過多種實驗之後，目前支持宣洩理論的結果極為少數，大多數結果支持的是觀察學習理論。

關於暴力影像，近年來特別會衍生出問題的是暴力遊戲的影響。在暴力遊戲中，玩家會扮演主角去擊敗敵人或僵屍。在這個過程中，當玩家採取自發行為並因此出現變化的話，就會增強這些行為，也就是所謂的「操作制約（operant conditioning）」，讓觀察學習的效果變得更加強烈。

儘管如此，這並不代表暴力影像或是暴力遊戲就應該受到管制。因為從歷史上來看，既然它們能被大眾廣為接受，就表示它們應該發揮了某些有益的作用。

暴力媒體與犯罪之間的關係

與暴力影像有關的兩種理論

看到暴力影像後

觀察學習理論

看到暴力影像會讓觀眾學習其行為，刺激暴力行為的出現。

宣洩理論

看到暴力影像可以讓觀眾覺得情緒得以釋放，進而抑制暴力行為。

目前的研究大多支持觀察學習理論。

暴力遊戲的影響

暴力影像與暴力遊戲的不同

一般的暴力影像只是被動地觀看而已。另一方面，像格鬥遊戲之類的暴力遊戲則是由玩家主動採取行動，例如打倒敵人的系統。

當自發性行為引起所處環境出現變化時，就會增強該自發性行為，這是一種稱為「操作制約」的機制，因此被認為具有更強力的攻擊促進效果。

Chapter 13

少年犯罪比以前更加凶惡是真的嗎？

少年殺人事件並沒有增加

近年來，在電視新聞或新聞類綜藝節目中，**經常會報導關於少年犯罪凶惡化與低齡化等令人感到憂心的相關內容**。

會出現這種現象的重大契機，是一九九七年發生的神戶連續兒童殺傷事件。在該事件中，有部分遺體被放置於學校校門口，犯人甚至還發布了犯罪聲明，因此引起了社會的極大關注。而逮捕到的犯人是少年這件事，更是對當時的社會造成了巨大衝擊。此一事件也讓日本國內的輿論高漲，於二〇〇〇年將少年法朝向嚴罰化的方向進行了修正。

然而，實際上少年犯罪是否確實變得更加凶殘且年齡下降呢？關於這一點，仍存在著許多爭議。

如果光從數據上來看，**少年所犯下的搶劫、殺人等犯罪數量相較於一九六〇年代是有減少的**。雖然在一九九七年左右搶劫案件的數量有增加，但這些案例通常是犯人在偷竊時讓被害人受傷的情況所致，並不能視為凶惡化的證據。至於殺人案件，**少年所犯下的殘虐案件之所以令人印象深刻，主要是因為媒體大量報導**，而且過去也發生過更加殘虐的案件，因此我們並不能一概而論地認為少年犯罪有凶惡化、低齡化的趨勢。

過去與近幾年少年犯罪的比較

近年來媒體上有關少年犯罪的報導

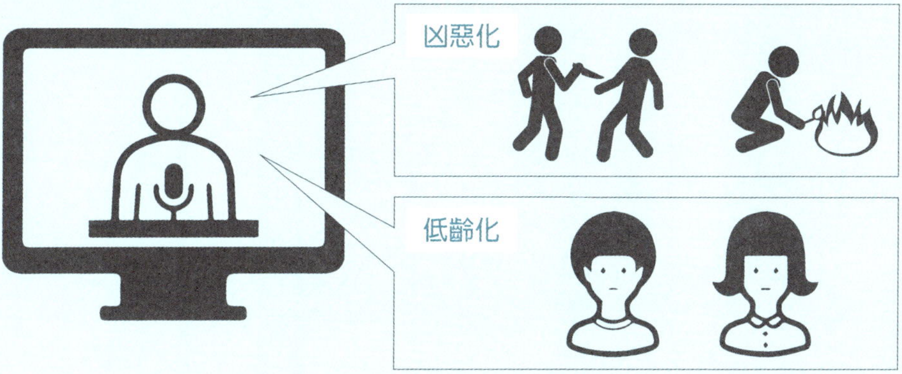

自一九九七年（平成九年）左右開始，有許多報導都提到少年犯罪的凶惡化與低齡化。

少年犯罪事件的變化

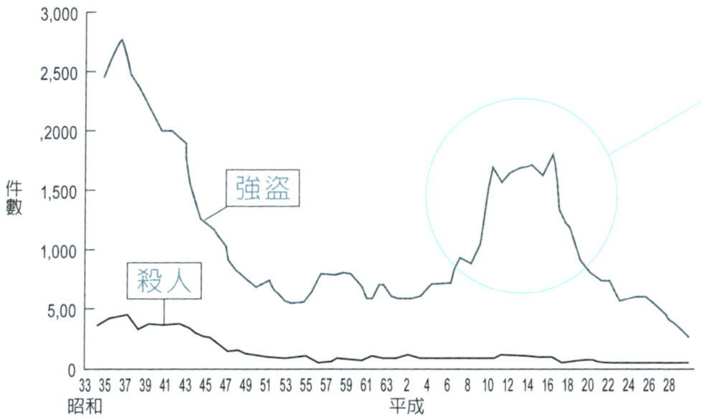

平成九年以後強盜事件雖有增加，但大多是在偷竊時讓被害人受傷的情況所致，並不能視為凶惡化的證據。

少年犯下強盜事件與殺人事件的件數變化（根據令和元年版《犯罪白皮書》資料製成）

殘虐事件的相關報導會給人少年犯罪愈來愈凶惡化的印象，但從歷史來看，這類案件在過去也會發生，因此無法一概認定少年犯罪有凶惡化的趨勢。

Chapter 14

墮胎合法化可以使犯罪率大幅下降？

雖然兩者間有關聯，但此議題仍有爭議

墮胎在美國等多個國家一直是一個具有爭議性的問題。而在相關探討中，有一種假說更是引發爭議的焦點。

這一切的契機始於一九九○年代，當時**美國的犯罪數量在沒有任何徵兆的情況下開始下降**。於是學者們紛紛對其原因提出了各種理論，例如警察人數的增加、高齡人口的增加、嚴刑峻法、槍枝管制等，然而這些因素都未能提出決定性的解釋。

在這樣的背景下，經濟學家李維特（Steven D. Levitt）和杜伯納（Stephen J. Dubner）提出了一個假說。他們認為，一九六○年代後期至一九七○年代的**「墮胎合法化」減少了那些不被期待出生的孩子，於是導致了犯罪數量下降**。

在那之前，美國事實上是禁止墮胎的。因此該假說認為有許多孩子出生在沒有生活能力的年輕父母家庭，無法獲得足夠的愛與照顧，導致其中一些人走上了偏差行為或犯罪的道路。

而在墮胎合法化之後，不被期待出生的孩子因為墮胎而數量減少，結果導致了犯罪率下降。

這個假說引發了大眾許多情緒上的反彈，今後可能還需要進行更深入的調查與討論。

有關美國犯罪數量減少的假說

自一九九〇年代起，美國的犯罪數量突然大幅度地減少。

警察人數增加

高齡人口增加

嚴刑峻法

槍支管制

在各種可能的原因當中，有人提出了一種假說。

與墮胎合法化之間的關聯

美國在過去事實上是禁止墮胎的。

↓

一九六〇年代後期至一九七〇年代，美國的墮胎變得合法化。

↓

不被父母期望出生的孩子減少了。

這會不會是犯罪減少的原因呢？

在美國，墮胎率與犯罪減少率之間顯示出高度的相關性等支持此假說的證據逐漸浮出檯面。即使到了現在，這仍是一個具有爭議性的有力假說。

Chapter 15

思考人為什麼「不犯罪」的理論

四個「社會聯繫」抑制犯罪

在此之前，大家都是從人為什麼會犯罪這個觀點來進行探討，但也有學者提出完全相反的思考方式，此人即是探討「人為什麼不犯罪」的特拉維斯・赫胥（Travis Hirschi）。

他認為其原因就存在於四種社會的聯繫之中，於是提出了**「社會聯繫理論（Social bond theory）」**。

第一種聯繫是**「依附（Attachment）」**。這指的是對家庭、學校或朋友的**依附能夠抑制犯罪**，而研究顯示，愈是喜歡去學校的人愈不會步入歧途。

第二種聯繫是**「致力（Commitment）」**。即人們在獲得現有生活的過程中投入了大量的學習和時間等資源，**如果做出了犯罪行為，這些付出都將化為烏有。**

第三種聯繫是**「參與（Involvement）」**，簡單來說就是「忙碌」。無論是體育活動還是唸書，**忙碌的人沒有時間去做壞事**。對成年人來說，工作上的忙碌也有相同作用。失業者更容易犯罪也被認為可能是因為閒暇的時間過多。

最後一種聯繫是**「信念（Belief）」**。我們生活的社會中有法律和規則，確保了安全和秩序的生活。**覺得自己也是社會中的一員，所以應該要尊重並遵守這些規範的想法，能夠控制自己不去犯罪。**

社會聯繫理論

人類之所以不去犯罪，是因為受到了四種社會聯繫的控制。

1.依附

對雙親、學校、朋友們的依附。

2.致力

覺得自己若是犯罪的話，至今所有的投入都將化為烏有

3.參與

忙於體育活動、唸書、工作等事情的人，沒有時間去犯罪。

4.信念

想要遵守社會規範或法律的想法。

對學校的依附性與偏差行為的關係

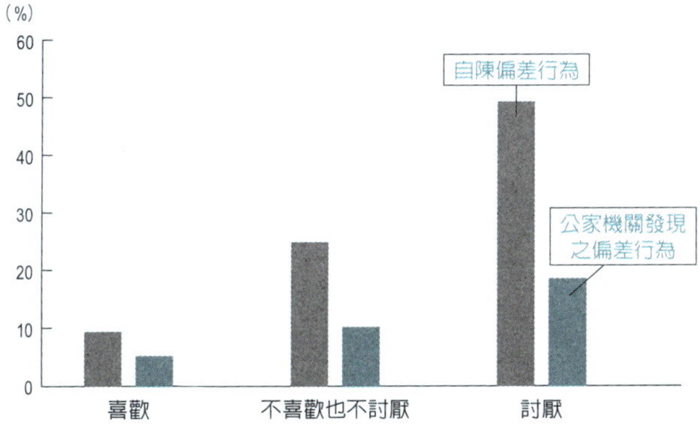

對於「是否喜歡學校」這個問題的回答與偏差行為件數之比例（Hirschi, 1969）

從這項調查結果可以得知，喜歡學校的少年較少出現偏差行為，而不喜歡學校的少年則較常做出偏差行為。

Chapter 16

處於容易犯罪的情況下是否就會去犯罪呢？

環境會滋生犯罪嗎？

所謂「犯罪機會論」，是指不針對犯罪者本身，而是透過改變環境或狀況來防止犯罪發生的一種論點。

舉例來說，一個懷有某種犯罪意圖的人，如果附近有警察在巡邏、或是安裝有監視器等會妨礙到犯罪進行的因素存在的話，就能使其猶豫是否真的要實施犯罪行為。反過來說，如果是一個沒有這些障礙的地區，就很可能成為容易發生犯罪的危險地點。「犯罪機會論」的手法就是透過找出這些地點，將其改造成不易實施犯罪的環境，最終減少犯罪的發生。

傳統的犯罪心理學，是以「犯罪原因論」（第8頁）為主流，將犯罪的原因歸咎於犯罪者自身的性格或成長背景，並透過改善這些因素來抑制犯罪。然而，矯正一個人的性格或嗜好並沒有那麼容易，若要連同導致這些人物出現的社會背景一併改變，更是需要大量的時間與成本。

相較之下，「犯罪機會論」則著眼於局部的環境與情境，透過物理性地改變這些因素來實現抑制犯罪的效果。也就是說，從防範犯罪的角度來看，這是一種非常有效率的手法。

從「犯罪機會論」的角度來考量犯罪防治

犯罪機會論的觀點

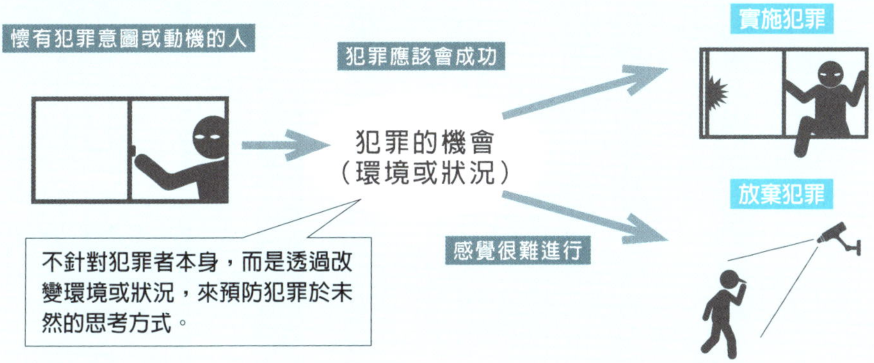

犯罪容易發生的地方是「容易進入且不容易被看見的場所」

容易進入的場所

可以從任何地方進入
且可以從任何地方逃走。

不容易被看見的場所

犯行不易被目擊，
被發現或被檢舉的風險較低。

例如以下場所：

- 後街小巷或錯綜複雜的道路
- 廢棄的房屋或建築物
- 隧道
- 公共廁所
- 沒有警衛的停車場或自行車停放處
- 鬧區、購物中心、遊樂園等容易分散人們注意力或警戒心的地方

防範犯罪三要素

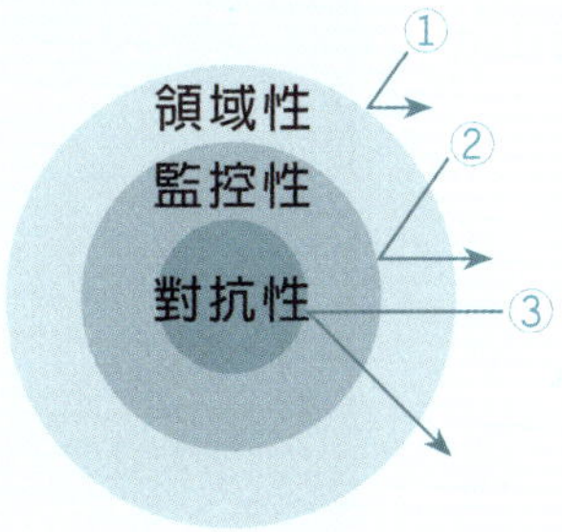

①領域性 **明確劃分出犯罪者無法觸及的範圍。**

藉由「領域性」讓犯罪者無法接近目標。

②監控性 **掌握住犯罪者的行為。**

就算犯罪者進入了目標區域，藉由「監控性」讓犯罪者遏止自己的犯罪念頭。

③對抗性 **反制犯罪者施加的犯罪行為。**

即使犯罪者決定實施犯罪行為，透過「對抗性」讓犯罪者無法達成目的。

Chapter 17

能夠減少犯罪的社會機制

防範對策與其問題點

想要減少犯罪，就必須從改變社會制度或機制著手。

具體的例子可以先從「法律規範」說起。其中最著名的，應該就是美國的槍支管制。對於是否應該持有槍支，雖然也有人認為這樣才能有效遏止犯罪，但這個議題今後應該會依舊充滿著爭議性。

接下來的重點是「防範教育」。特別是針對以兒童為對象的犯罪，可以發揮很大的效果。

再來是製作「社區安全地圖」，這個方法在近年來十分受到關注。此方法**主要聚焦於場所而非人員，將容易發生犯罪的地區找出來並且讓大家知道**。目前已有許多中小學採用這項措施並取得了成效。

最後是「設置監視器」。目前街上已安裝有大量的監視器，雖然其效果有限，但**從遏止犯罪的觀點來看依舊是有效的**。

上述的各種措施目前雖然都已採用，但其中針對兒童的防範教育也引發了一些問題，那就是孩子對於他人可能會有超出必要的不信任感或警戒感。因此在施行防範教育時，如何在構築人際關係與預防犯罪之間取得平衡就變得至關重要。

要怎麼做才能減少犯罪呢？

保護社會不受到犯罪侵襲的措施

法律規範

透過法律制定持槍的規定，或是對性犯罪者進行電子監控等。

防範教育

為了避免遭遇到犯罪而施行的教育。

社區安全地圖

將容易發生犯罪的場所標示在地圖上。

監視器

設置監視器監控街道等場所。

防範教育的問題所在

孩子們對成年人產生過度的不信任感與警戒感，但大多數成年人並不打算對孩子施加傷害。

要防止針對兒童下手的犯罪，最終還是要仰賴與周遭成年人的人際關係與信任。因此要避免做出錯誤的教育方式，以免失去這些關係與信賴感。

對逮捕犯人極為有效的「肖像畫」

大家應該都在刑偵劇裡看過，為了解決案件，根據目擊者的證詞製作出犯人肖像畫的場景吧。而這種肖像畫，即便是在現在的搜查工作中也有被廣泛使用。

蒙太奇拼貼照片也是一種用來重現犯人面容的方法。這種方法會將各種不同人物的臉部特徵組合起來，逐步構建出人物的面容。

乍看之下這種方法能夠製作出比肖像畫更精確的圖像，然而事實上卻並非如此。可能的原因有好幾個，其中比較主要的原因是，在重現臉部的過程中，目擊者會看到各個不同備選人物的真實臉部影像，這樣一來，可能會扭曲原本的臉部記憶，甚至有時還可能讓目擊者就此忘掉看到的樣子。

事實上，一九六八年在東京府中市發生的三億日圓搶劫案件，就被指出公開的犯人蒙太奇照片讓觀看的人有了先入為主的觀念，會不會反而妨礙了搜查工作。

另一方面，肖像畫是由肖像畫畫家在聆聽目擊者的資訊之後，順利抓住特徵來重現犯人的面容。因此可以在沒有先入為主觀念的情況下，繪製出更接近真實犯人樣貌的畫像。

第2章

殺人犯的心理

「殺人」的動機有哪些？

殺人事件的原因與分類

日本是一個比較少發生殺人事件的國家。雖然每年的數據有所波動，但每十萬人中的殺人既遂率不到美國的十分之一。

那麼，是什麼樣的動機會導致殺人事件發生呢？目前**以「金錢糾紛」「感情糾紛」以及「積怨已久」為殺人的三大動機**，然而近年來，由於不堪照護壓力等因素而導致的「長照殺人」或「照顧共同自殺」案件也有所增加。連同上述的動機在內，由**家庭成員引發的殺人案件都是最多的**。因此，維持良好的家庭關係或許可以說是預防殺人事件發生的一種方法。

接下來我們來看看殺人事件的種類。包括殺人在內的暴力犯罪大致可以分為兩類：①有計畫且受控的犯罪，②衝動且失控的犯罪。以實際案件數量來看，**大多數的殺人事件都屬於②衝動性犯罪**。

學者梅加吉和博恩進一步將這種衝動型犯罪分為兩種類型。一種是將壓力或挫折直接轉化為暴力的「控制不足型」，另一種是長期壓抑情感直到某個時刻忍耐到了極限而爆發的「過度控制型」。過度控制型的罪犯由於平時個性溫和且表現得像是模範人物，因此會令人難以想像他們會做出犯罪行為，這也是此類罪犯的特徵之一。

殺人事件的特徵

殺人事件的三大動機

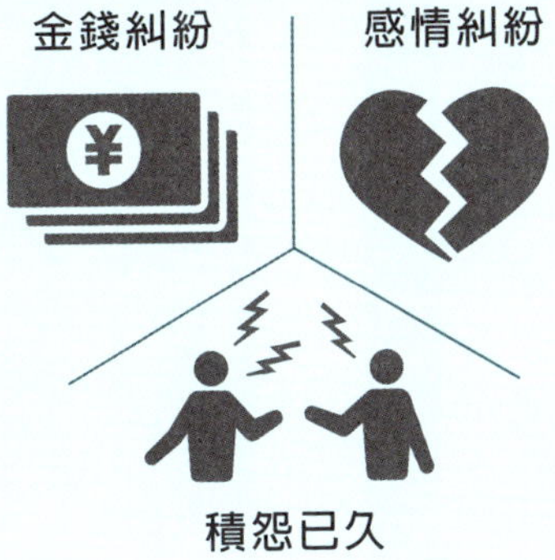

日本是殺人案件相對較少的國家

每十萬人中的
殺人發生率（二〇一七年）

美國	5.3人
法國	1.3人
英國	1.2人
德國	1.0人
日本	0.2人

（摘自《令和二年版 犯罪白皮書》）

殺人事件中的加害者是誰？

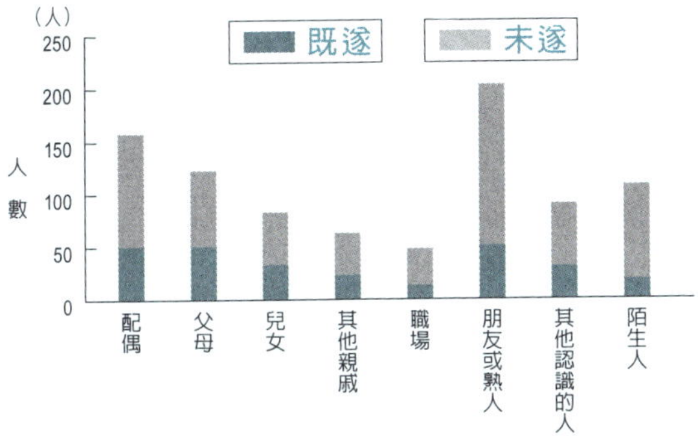

殺人以及殺人未遂案件中不同關係的人數（關係是指從嫌疑人的角度看被害者的屬性），可以看出有半數以上的被害者是被家人所殺。

根據平成二十九年之刑事犯罪統計資料（日本警察廳）

殺人與暴力事件的分類：

計畫性且受控的案件

衝動性且失控的案件

控制不足型

壓力或挫折無法被控制，直接轉化為暴力。

過度控制型

長期壓抑情緒，最後突然以暴力形式爆發。

連環殺人案可以透過犯罪現場對犯人進行剖繪

秩序型殺人與無秩序型殺人

連環殺人是指由一名（極少狀況為兩名）犯人連續殺害多名被害者的犯罪。其中從第一次殺人到下一次殺人之間的時間稱為「冷卻期」。

一般的殺人事件中，加害者與被害者之間通常會有金錢糾紛或家庭問題存在，因此也比較容易找出犯人。可是**在連環殺人案中，由於大多是針對偶然遇到的陌生人下手，因此也讓偵查工作變得更加困難。**

為了協助此類案件的偵查工作，一九七〇年代美國聯邦調查局（FBI）對連環殺人犯的特性進行了研究。結果顯示，**連環殺人可以大致分為秩序型和無秩序型兩種類型。**

秩序型案件屬於計畫性的犯罪，凶手會在事前準備好凶器或其他作案工具。其特徵是犯案後通常會從犯罪現場帶走凶器、遺體或其他證據，並對現場進行一定程度的清理。

另一方面，無秩序型的案件則是偶發性的犯罪，凶器大多是現場隨手取得的物品。此外，犯罪現場通常會髒亂不堪，遺體或可作為證據的物品也常被遺留在現場。換句話說，透過觀察犯罪現場，可以在一定程度上判斷犯人的類型。

然而在後續的研究也顯示，其實還有一種混合型的犯罪類型，同時具備了兩者的特徵。

連環殺人的定義與分類

什麼是連環殺人？

由一名（極少狀況為兩名）犯人連續殺害多名被害者的犯罪類型。而在犯行與犯行之間的時間稱為「冷卻期」。

殺人
↓ 冷卻期
殺人
↓ 冷卻期
殺人

與一般殺人事件不同的地方在於被害者大多是素不相識的人物。 ➡ 經常會讓偵查工作變得更加困難。

連環殺人的分類

根據不同的特徵，連環殺人可以大致分為兩種類型，所以透過觀察犯罪現場，可以推測出犯人的形象。

秩序型

- 計畫性的犯罪（事前準備好凶器或作案工具）
- 對話時態度謹慎小心
- 從犯罪現場帶走遺體或證據
- 現場經過清理
- 犯人智商較高，具備社交能力

無秩序型

- 偶發性犯罪（凶器為現場隨手取得的物品）
- 無交流或對話
- 犯罪現場留有遺體或證據
- 現場混亂不堪
- 犯人智商在平均或以下，社交能力較低

（摘自Ressler et al., 1988）

也有不屬於上述任何一類的犯罪（混合型）。

Chapter 3

從動機來看連環殺人①

因為妄想而犯下連環殺人的「幻覺型」

因妄想而犯下謀殺罪的幻覺型

相對於FBI基於犯罪現場的情況進行分類，而霍姆斯（Stephen T. Holmes）則從動機的角度出發，將連環殺人事件分為四種類型。

第一種類型是**幻覺型**，這是一種**由妄想性精神疾病引發的連環殺人類型**。犯人通常深陷於「自己被他人盯上」的被害妄想中。此外，還可能存在「為了拯救世界自己必須殺人」這樣的指令性妄想，有時甚至伴隨著幻聽，會聽到實際的指令。

這一類型的犯人因為精神疾病較為嚴重，其犯罪現場往往呈現無秩序型。此外，由於他們並不會積極地策劃去躲避追捕，因此通常能在較短時間內被逮捕。

此外，在討論這一類型的殺人犯時，必須特別注意的是，患有精神疾病並不意味著更容易發生連環殺人事件。

在美國，曾發生過由理查．蔡斯（Richard Chase）犯下的六人連環殺人案。而在日本，雖然不屬於連環殺人，但也曾發生「青物橫丁醫師殺害事件」，犯人因為深陷「手術時醫生將剪刀等手術器械遺留在自己體內」的妄想而殺害醫生。

幻覺型連環殺人的特徵與案例

幻覺型的特徵

由妄想性精神疾病而引發的連環殺人。

產生「有人想要殺我」「周遭的人都在背後說我壞話」之類的妄想。

「為了拯救世界，我必須殺人」之類的指令性妄想。

會做出「無秩序型」的行為。

就算患有精神疾病也不代表會更容易發生連環殺人事件。

幻覺型連環殺人的案例

理查・蔡斯事件

發生時間	一九七七年十二月～一九七八年一月
殺害人數	六人
動機	因為「為了防止自己的血液變成沙子，必須殺人並喝下他們的血液」的妄想而殺人。
事件概要	理查・蔡斯在一九七七年十二月先是射殺了一名電氣技師，隨後在下一個月殺害了住家附近一名懷孕婦女，並切開她的遺體喝下她的血液。 在短短一個月內，蔡斯總共殺害了六個人，透過目擊者提供的線索，警方確認了他的身分並將其逮捕。 蔡斯在收監之後於監獄中自殺。

Chapter 4

從動機來看連環殺人②

基於偏執的信念而反覆殺人的「使命型」

▼針對特定類別的人下手的使命型▲

第二種類型是**使命型**。這種類型的殺人犯會**基於自己偏執的信念而做出殺人行為**，例如「這個世界會變壞是因為特定的種族」「妓女讓美國墮落」「幫孕婦墮胎的醫生造成性道德墮落」等觀點，並針對屬於這些類別的人進行殺害。

他們的特徵是，堅信透過殺害這些人物可以讓世界變得更美好。**由於是基於自己的正義感進行犯罪，所以並不會有罪惡感**。

在這種類型的犯罪中，殺人者為了殺人通常會準備槍械等強力並且能夠迅速、確實地將人殺害的凶器，並且冷靜地執行計畫。殺人之後犯人會逃走並繼續作案，這是因為他們認為要建立一個更好的社會就必須持續進行這樣的活動。

這類犯罪者的例子包括：殺害毒品成癮者的警察官曼努埃爾・帕爾多（Manuel Pardo）、相信白人至上主義而持續殺害黑人和猶太人的約瑟夫・保羅・富蘭克林（Joseph Paul Franklin）、以及因為認為「工業化社會奪走了人類的本性，所以必須摧毀它」而向航空公司等地方寄送炸彈的西奧多・卡津斯基（Theodore Kaczynski）。

使命型連續殺人的特徵與案例

使命型的特徵

基於偏執的信念，針對特定類別的人進行連環殺人。

針對「特定種族」「毒品成癮者」「進行墮胎手術的醫生」等特定人物下手。

堅信透過殺害目標群體可以讓世界變得更好。

有計畫地執行殺人。

基本上不會進行拷問或虐待，通常會使用槍械等能迅速殺死對方的凶器。

使命型連環殺人的案例

曼努埃爾・帕爾多事件

發生時間	一九八六年一月～一九八六年四月
殺害人數	九人
動機	認為殺害毒品成癮者能夠恢復治安。
事件概要	曼努埃爾・帕爾多是一名充滿正義感的警察。他認為鎮上的毒品成癮者正在使治安惡化，於是殺害了九名毒品成癮者。在整個過程中，他從未反省自己的行為，並聲稱「我只是以士兵的身分參與了毒品戰爭」。

Chapter 5

從動機來看連環殺人③

為了滿足性慾而殘忍殺人的「快樂型」

與性慾結合的殺人型態

第三種類型是**快樂型**。俗稱的「快樂殺人」即屬於此類型，**犯人將自身的性慾與殺人結合，為了滿足自己的性慾而犯下罪行。**

與幻覺型或使命型不同，犯人很享受殺人這個行為本身，因此經常會同時採取強姦或拷問等殘忍的手段。

犯人大多為男性，會殺害自己的性交對象。換句話說，若受害者為女性則犯人可能是異性戀者，若受害者為男性則可能是同性戀者。因為殺人的原因相同，所以受害者的外貌、年齡或髮型等特徵也可能存在共通點。

關於殺人與性慾結合的原因，雖然目前尚未完全了解，但也有可能是施虐癖等戀物癖以極端的形式表現出來。此外，此類殺人犯通常具有以下特徵：童年時期曾經歷過虐待、幼年時期多次出現行為問題、喜好觀看暴力性的色情片、缺乏對他人的共情能力等。**這些特徵可能在成長過程中受到多種因素的影響，最終導致這類犯罪者的出現。**

代表性的案例包括美國殺害三十三名少年的約翰·韋恩·蓋西（John Wayne Gacy），以及日本專門針對女童下手並殺害了四名女童的宮崎勤。

快樂型連環殺人的特徵與案例

快樂型的特徵

性慾與殺人結合，為了滿足性慾而實施犯罪。

犯人幾乎都是男性，會殺害符合自己性取向的目標。

大多數的案例中會伴隨拷問或強暴等行為，並且犯人會享受殺人的過程。

會採取「秩序型」的行動方式。

一般認為可能是在多種因素的交織之下，如童年的受虐經歷、對暴力色情作品的迷戀等，才誕生出這樣的殺人犯。

快樂型連環殺人的案例

約翰・韋恩・蓋西事件

發生時間	一九七二年～一九七八年
殺害人數	三十三人
動機	為滿足自己對少年的性慾。
事件概要	約翰・韋恩・蓋西表面是位優秀的商人，但在另一方面卻多次將少年誘騙至自宅，進行同性性行為後再將其殺害。 他將被害者的遺體埋於自宅的地下室。 由於行為引起警方懷疑而被逮捕，並被判處死刑。

Chapter 6

從動機來看連環殺人④

享受支配與優越感的「權力控制型」

以恐懼支配對方

第四種為**權力控制型**。這種類型的犯人想要支配他人的一切，並藉此獲得優越感。**而支配或控制的極致便是奪取對方的生命**。

殺人的類型屬於秩序型，犯人會在事前精心策劃再實施犯罪。此外，犯人在殺害被害者之前會有尾隨被害者、束縛、監禁、強姦、毆打或拷問等行為。也就是說，這類犯人**更注重過程而非殺害這個結果**。

這種支配與控制的行為被認為源自於性慾，也就是把權力及支配的感覺與性慾結合在一起。因此，**也可以將其視為快樂型（第52頁）的一種變體**。

在美國發生的泰德·邦迪（Ted Bundy）案件是這種類型的典型例子，而在日本發生的自殺網站連續殺人事件也屬於此類。該事件的犯人利用自殺網站的留言板吸引想要自殺的人，並以勒頸的方式將其殺害。犯人在看到被害者窒息並痛苦掙扎的樣子會感到興奮，並多次重複讓被害者窒息後再進行搶救的過程，甚至將這些過程錄製下來。窒息被認為與性的快感有很大的關聯性，除了這起案件之外，還有不少因窒息事故而導致的死亡案例。

權力控制型連環殺人的特徵與案例

支配控制型的特徵

為了支配對方並感受優越感而進行的殺人行為。

犯人有一種欲望想要將被害者的一切（包括生命）完全掌控在自己手中。

以壓倒性的力量利用恐懼支配被害者，最後再將其殺害。

會採取「秩序型」的行動模式。

權力控制的根源被認為與性慾相關，因此也可以視為快樂型的一種變體。

權力控制型連環殺人的案例

泰德．邦迪事件

發生時間	一九七四年～一九七八年
殺害人數	三十人以上
動機	對女性的暴力行為以及殺人本身帶來的快樂。
事件概要	泰德．邦迪是「世界上最著名的」連環殺人犯，殺害了三十多名女性。他擁有高學歷和俊俏的外表，因此從外表上完全看不出來像殺人犯。他多次逃亡和搬家，在華盛頓、猶他州和佛羅里達三地持續犯案。一九七八年被逮捕，一九八九年執行死刑。

Chapter 7

女性犯下的連環殺人①

以保險金謀殺為代表的「黑寡婦型」

以財產為目的的巧妙犯罪

女性犯下的連環殺人案與男性的情況有所不同，**殺人的原因大多與金錢有關**，其中最具代表性的類型稱為**「黑寡婦型」**。

她們通常會殺害與自己有婚姻或交往關係的男性，藉此獲得對方的財產或保險金。過去比較常見的模式是尋找男性富豪，與其建立關係後再將其殺害，不過隨著保險制度的普及，即使對方並非有錢人，也可以利用為其投保高額保險金後再殺害的方式來獲取巨額金錢。除此之外，近年來她們也開始利用婚戀網站或交友軟體來尋找下手的目標。

殺害方式大多為毒殺或燒炭製造中毒，因為看起來很像意外或自殺所以不易被察覺，這也是此類案件的特徵之一。**這種類型的犯人通常具有高度的表演性，擅長欺騙他人，即使被懷疑犯罪，也會用說謊來脫罪**。

代表性的犯人包括奧地利的瑪莎·馬雷克（Martha Marek），她殺害了自己的丈夫和女兒等家人以獲取保險金。在日本，知名的案例包括涉嫌殺害超過十名男性富豪的筧千佐子，以及已知至少殺害三人的木嶋佳苗。

黑寡婦型連環殺人的特徵與案例

黑寡婦型的特徵

以財產為目的，為了獲取金錢而殺人。

常見案例為與富豪結婚後殺害丈夫以奪取財產。

即使對象並非有錢人，也可能會為其投保高額保險金後加以殺害。

多採用毒殺或燒炭等手段偽裝成自殺。

近年來，使用交友軟體結識男性並將其作為下手目標的作案模式有所增加。

黑寡婦型連環殺人的案例

木嶋佳苗事件

發生時間	二〇〇七年～二〇〇九年
殺害人數	三人（可能還有其他受害者）
動機	為了獲取男人的財產。
事件概要	木嶋佳苗犯下多起與男性交往後假裝要與對方結婚詐取巨額金錢，之後再將受害者殺害。 行凶方式主要為利用燒炭偽裝成自殺。 雖然在逮捕後對指控全面否認，但在經過審判之後，最終仍被判處死刑。

Chapter 8

女性犯下的連環殺人②

操弄患者病情的「死亡天使型」

以醫院為舞台的連環殺人

女性犯下連環殺人案的另一種類型是**死亡天使型**，這種犯罪的犯人是護士。

她們會在自己工作的醫院裡，給患者服用或注射讓症狀更為惡化的藥物而將其殺害。這種案件的特徵是**當受害者病情惡化時，犯人會進行急救措施或奉獻心力地看護**。因為這樣的對待方式，犯人很少被懷疑是凶手。

犯案的動機可以考慮幾個方面，第一種可能是自我炫耀的欲望，也就是為了**向醫院內的其他人展示自己卓越的能力**而犯下罪行。

第二種可能性是為了確認自己具有在一定程度上控制患者生死的權力。還有一種模式，是透過觀看患者或其家屬痛苦的樣子來**發洩自己的壓力**。

無論是哪一種情況，問題都不在於犯人是「女性」而在於她是「護士」。之所以女性犯人較多，只是因為擔任護士工作的人大多是女性。

在這種類型的犯罪者中，最著名的是在美國殺害了六十多名兒童的吉恩·瓊斯（Genene Jones）。

死亡天使型連環殺人的特徵與案例

死亡天使型的特徵

犯人為護士，為了確認自己的存在意義而殺人。

護士在自己工作的醫院內，利用藥物等方式殺害患者。

對於病情惡化的患者會極盡所能地搶救，因此犯行不易被發現。

這類犯人通常被評價為優秀的護士。

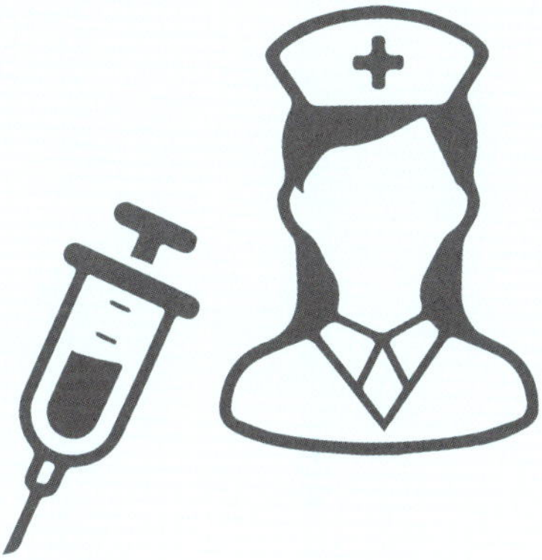

動機可能是為了確認自己具有能夠掌控他人生命的權力，或是渴望獲得他人的讚賞。

死亡天使型連環殺人的案例

吉恩・瓊斯事件

發生時間	一九八一年（也可能更早）～一九八二年
殺害人數	60人以上
動機	想要對病情急轉直下的孩子進行適當治療或是做出挽救其生命的行為。
事件概要	在吉恩・瓊斯工作的醫院內，有多達二十名兒童陸續死亡。而在她轉任到另一家醫院後，類似的事件再次發生。 後來發現她在預防針裡加入了肌肉鬆弛劑以此殺害兒童，於是將她逮捕。 最後推測她殺害的兒童數量可能超過六十名。

Chapter 9

刑偵劇裡常常出現的「犯罪剖繪」是什麼？

▼從犯罪現場的狀況來推測犯人的屬性▲

犯罪剖繪是一種技術，**透過分析犯罪現場的狀況以及犯人在現場的行為，推測出犯人的年齡、職業、是否患有精神疾病等屬性**。

犯罪剖繪的歷史可以追溯至一八八八年發生於倫敦的「開膛手傑克」事件，當時由醫師湯瑪斯．邦德（Thomas Bond）推測出犯人的形象，此為最早的案例。此後雖然也有進行類似犯罪剖繪的分析工作，但真正開始正式採用是在一九七〇年代，當時FBI為調查連環殺人案件而開發了這項方法。

FBI在開發犯罪剖繪技術時，分析了三十六名服刑中的連環殺人犯和性犯罪殺人犯的數據。透過分析發現，犯人的類型可以大致分為兩類：秩序型與無秩序型（參見第46頁）。

藉由這種分類方式，**不僅可以了解犯罪型態和現場的情況，還能推測出犯人的屬性**。秩序型的犯人通常智商較高，有穩定工作，且多數已婚。另一方面，無秩序型的犯人則具有智商較低、無業、獨居等特徵。

源自於連環殺人案件的犯罪剖繪技術，如今也被應用在性犯罪、縱火、恐怖攻擊等各種犯罪的調查當中。

犯罪剖繪的起源與定義

犯罪剖繪的歷史

一八八八年

針對倫敦發生的「開膛手傑克」事件，醫師湯瑪斯．邦德推測出犯人的形象並寫成書信送交給倫敦警察局。由於案件未破，因此無法確定推測是否正確。

一九四〇～一九五〇年代

在紐約發生的連續爆炸事件中，精神科醫師詹姆斯．布魯塞爾（James A. Brussel）博士推定犯人的形象。被捕的犯人在許多方面都與推定結果相符。

一九七〇年代

美國聯邦調查局（FBI）為了分析出連環殺人案件的犯人，開始進行正式的犯罪剖繪。

犯罪剖繪的定義

基於對犯罪行為的分析，推定出嫌疑人的性格特徵與行為特性的方法。

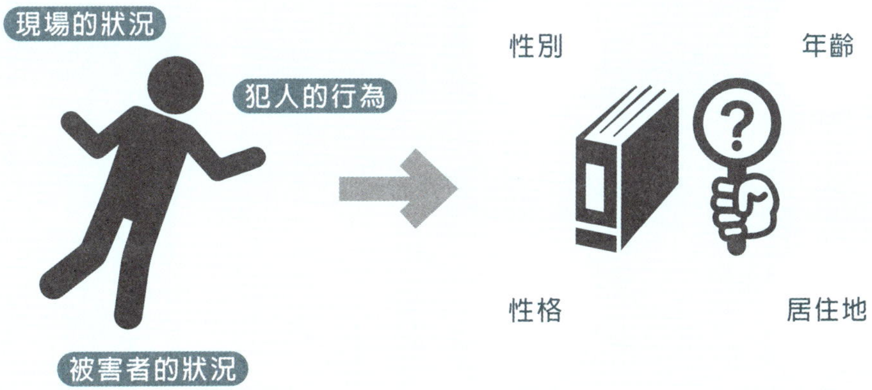

根據現場狀況等資料，推測出犯人是什麼樣的人物。

Chapter 10

日本科搜研也採用的最新犯罪剖繪法

使用統計方法的利物浦式犯罪剖繪

與FBI的犯罪剖繪相比，**利物浦式的犯罪剖繪**採用了高度的統計方法來分析犯人的行為。

這種方法是由英國利物浦大學的大衛·坎特（David Canter）所開發的。該方式**首先會針對大量犯罪現場的特徵建立起資料庫**。例如針對殺人案，會記錄下「肢解屍體」「給受害者配戴口塞」等特徵。接下來計算這些特徵是否經常同時出現，如果某些行為經常同時發生就把它們排列在較近的位置，反之，如果是很少同時出現的行為則把它們隔開，將這些行為特徵在二次元的空間上逐步繪製成一個關係圖。

由此生成的關係圖，將容易同時出現的行為特徵排列在靠近的位置，所以**只要去檢查同一個犯人採取的行動時，就會發現這些行為的範圍通常會集中在一起**。如此一來，就可以推測多起案件的犯人是否是同一個人。

這種方法不僅可以用於分析殺害狀況，還可以將「犯人是二十多歲」或「犯人是無業狀態」等資訊加入關係圖裡，進一步推測出犯人的屬性。

目前此方法已成為全球標準化的犯罪剖繪方式，在日本的科學搜查研究所（科搜研）等機構也採用這種方法進行分析。

利物浦式的犯罪剖繪

什麼是利物浦式的犯罪剖繪？

目前全球使用的標準犯罪剖繪方法之一

由英國心理學家大衛．坎特開發出的犯罪剖繪理論。

採用高度的統計方法來分析犯人的行為模式。

日本的科學搜查研究所也採用該方法。

與FBI的方法相比，此方法更具彈性，能開發出更多樣化的分析技術。

利物浦式在連環續殺人案件中的犯罪剖繪案例

針對連環殺人犯，將容易同時發生的行為排列在靠近的位置，而不常同時出現的行為則分隔開來，以此方式製作出關係圖。
檢查犯人行為在關係圖上的分布狀況，可判斷是否為同一名犯人所為。

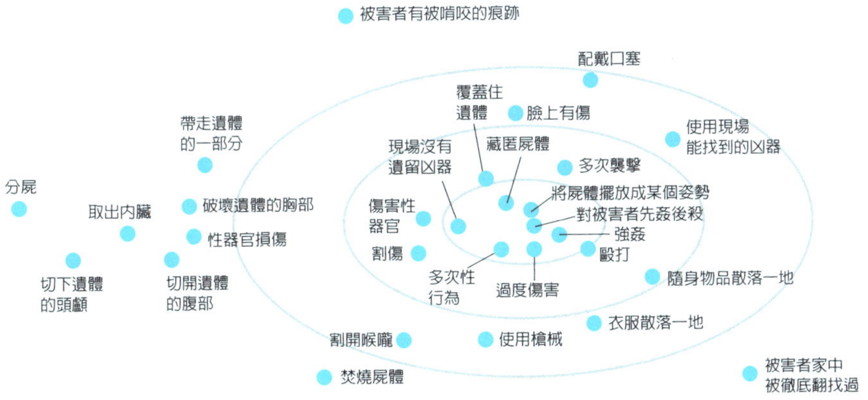

這種方式也可以用來進行犯人屬性的犯罪剖繪。

Chapter 11

推測出犯人居住地等資訊的地緣剖繪

犯人據點與犯罪現場的關係

犯罪剖繪不僅可用於鎖定犯罪者的身分，還可以推測其居住地（據點）或下一個可能的犯案地點，這種方法被稱為地緣剖繪。地緣剖繪與利物浦式犯罪剖繪一樣，也是由大衛・坎特所開發的。

這種方法的基本概念，是**將連續犯罪的犯罪地點相連而成的最長直線作為直徑畫出一個圓圈時，犯人的據點通常會位於該圓圈的內部**，這就是所謂的圓圈假設（Cycle Hypothesis）。在連續縱火案件中，約有70%的情況符合此假設。

圓圈假設的問題點在於需要搜索的範圍可能過於廣大，因此推測犯人據點的位置變得尤為重要。此時可以採用認為犯人的據點位於圓圈中心的圓心假設，或是考慮到犯罪地點偏好的重心假設等方法。此外，研究表明犯人通常不會在自身的據點周邊犯罪，這個區域被稱為緩衝區（Buffer Zone）。也就是說，**犯案地點會位於圓圈假設的範圍內，而且是在不包括緩衝區在內的甜甜圈狀區域**。

在地緣剖繪的過程中，不僅可用於鎖定犯人的據點位置，還可用於預測下一個可能的犯案地點。

地緣剖繪的方法

地緣剖繪

基於連續犯罪的地理資訊進行分析的犯罪剖繪方法

與利物浦式犯罪剖繪相同，是由英國的大衛·坎特（**David Canter**）所開發。

圓圈假設：透過連結最遠的兩個犯罪地點畫出一個圓圈，犯人的據點很可能位於該圓圈內部。

廣泛應用於竊盜、縱火、性犯罪等案件中。

地緣剖繪不只能用於鎖定犯人的據點，還能預測出下一個犯案地點，有助於犯人的逮捕行動。

地緣剖繪的案例

包括犯人據點可能位於圓圈中心的觀點（圓心假設），與犯人據點可能在犯案現場重心附近的觀點（重心假設）。

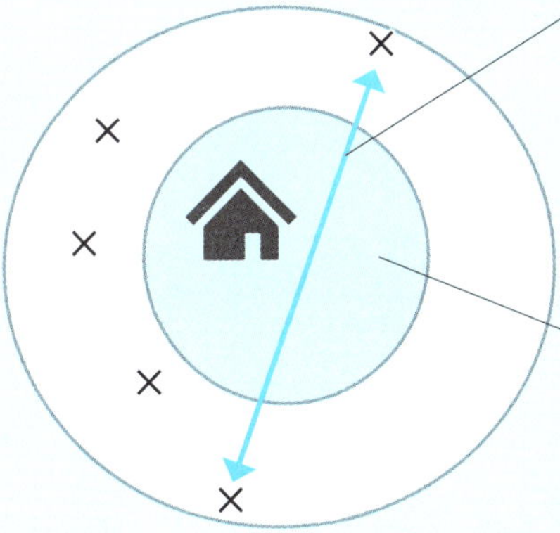
連結最遠的兩個犯罪現場畫出一個圓圈，犯人的據點可能就位於圓圈內。
犯人不會在活動據點附近犯案，這個區域被稱為緩衝區。

目前也正在研究能夠更精確鎖定據點的方法。

Chapter 12

為什麼會發生大規模殺人事件？

根據動機及屬性所進行的分類

大規模殺人事件指的是由一名犯人在同一時間、同一地點殺害多人的案件類型。根據FBI的定義，大規模殺人是指一次殺害四人以上，不過在日本，則通常用於描述殺害三至三人以上的情況。

美國的犯罪心理學家福克斯和萊文（Fox and Levin）根據殺人的動機，對大規模殺人事件進行了分類。

第一種是針對懷有恨意的個人或團體的**復仇型**，第二種是為了炫耀自身力量的**權力型**，第三種是譬如全家集體死亡的**忠誠型**，第四種是因搶劫傷害而引發的**利益型**，最後一種是透過殺人來傳遞政治或宗教信息的**恐怖攻擊型**。

此外，在日本則是根據犯人的行為和屬性，將大規模殺人事件分為三種模式。

第一種模式是在公共場所對當下與自己毫無交集的陌生人發動無差別攻擊的**無差別大規模殺傷型**，第二種模式是殺害家人等與自己有交集的人，最後再自殺的**家庭毀滅型**，最後一種是在搶劫等情況下殺傷在場的人，屬於**凶惡犯罪型**。

凶惡犯罪型往往會有共犯參與，涉及多樣化的行為與目的，例如幫派團體之間的爭鬥，或是為了獲取保險金而對建築物縱火等。

大規模殺人事件的定義與分類

什麼是大規模殺人事件？

大規模殺人事件是指一名犯人（少數情況下為多名犯人）在同一地點同時殺害多人的殺人行為。

根據動機的分類

復仇型	以懷有怨恨的個人或團體為對象。
權力型	以炫耀自身的力量為目的。
忠誠型	動機是想要全家一起死亡。
利益型	與搶劫有關的殺傷事件。
恐怖攻擊型	為了傳達政治或宗教訊息而採取的手段。

（摘錄自Fox & Levin, 2003）

根據犯人行為與屬性的分類

無差別大規模殺傷型	犯人在白天使用刀具，無差別地殺傷與自己毫無關係的陌生人。常見的觸發原因之一是公司裁員或辭職等事件。
家庭毀滅型	犯人在夜間至上午，殺傷自己熟悉的人。行為通常是衝動性的，犯人若是被逮捕，則通常會當日在現場就被逮捕。另外犯人也有可能自殺。
凶惡犯罪型	犯人在傍晚至深夜十二點之間的時段，與共犯一起殺害被害人。屬於計畫性的犯案，並會為逃亡事先做好準備而成功逃亡，證據也會被掩蓋。

（參照越智．木戶, 2011）

Chapter 13

無差別大規模殺人事件的共通點是什麼？

挫折或絕望成為導火線

在大規模殺人事件中，「無差別大規模殺人事件」的動機往往難以理解，並且會在社會上引發極大的不安。然而如果對事件內容進行分析的話，**可以發現到存在者某種共通的模式**。

首先，犯人的生活不順遂，內心充滿了挫折與絕望感。而且，**他們會將原因歸咎於他人**而非自身的問題。這種怪罪不只針對個人，還可能針對該人物所屬的公司或團體。

接著，犯人認為**自己已經沒有活下去的價值**，甚至考慮過自殺。不過他們還會產生一種想法，那就是既然自己都要死了，那麼就要盡可能地大量殺害那些造成自己痛苦的對象後再結束自己的生命。

由於目的是盡可能地大量殺害目標，因此犯人會取得能夠有效率殺傷他人的武器等裝備。為了讓自己的訴求能被社會關注，他們通常會在**犯罪聲明、遺書或日記中留下訊息，把自己的行為正當化**。

犯人的最終目的是結束自己的生命，因此在犯案後他們會選擇自殺，或是在被捕時希望被判處死刑。他們不會隱藏自己的身分，也不會考慮逃亡。

無差別大規模殺人事件，大多數是在這樣的過程中發生的。

無差別大規模殺人事件的共通性與案例

無差別大規模殺人事件的共通性

處於挫折或絕望之中，
對他人或團體充滿憎恨。

覺得自己毫無價值，想要自殺。

在盡可能地大量
殺害敵人後也會考慮
結束自己的生命。

為了有效率地
殺傷他人，犯人事前
會精心策劃。

會留下訊息
正當化自己的行為。

犯人可能會在
犯案之前先殺害自己
所愛的家人或寵物。

最後會選擇自殺，或是
在被捕後希望被判處死刑。

犯案時不會隱藏自己的身分。

無差別大規模殺人事件的案例

維吉尼亞理工大學校園槍擊案	二○○七年四月韓裔學生趙承熙在美國維吉尼亞理工大學持槍掃射，造成包括五名教職員在內的三十二人死亡，隨後舉槍自盡。
派崔克．帕迪（Patrick Edward Purdy）事件	一九八九年一月，派崔克．帕迪在加州一間小學開槍掃射，造成五名兒童死亡，三十九人重傷，隨後舉槍自盡。
下關大規模殺傷事件	一九九九年九月，上部康明駕車撞進日本JR下關車站造成兩人死亡後，持刀刺殺車站內的人員，最終共殺害三人，犯人在逮捕後被判處死刑。
津山三十人屠殺事件	一九三八年五月，都井睦雄在日本岡山縣某村落持槍與利刃襲擊村民，造成三十人死亡，並於犯案後自殺。

恐怖主義的目的是什麼？

恐怖主義的種類

恐怖主義的定義，是「為了達成特定的政治目的，採取某些手段來造成一般民眾恐懼的暴力行為」。常見的具體手段包括爆炸、持槍掃射、大規模殺人、暗殺重要人物、綁架與脅迫、挾持人質、劫機等形式。其特徵在於動機並非表達個人的壓力或不滿，而是基於某種社會性的大義。

恐怖主義的目的，可以大致分類成「政治恐怖主義」與「宗教恐怖主義」。**「政治恐怖主義」**是以政治思想為背景而進行的恐怖攻擊，有左派集團引發的恐怖攻擊與右派集團引發的恐怖攻擊兩種方向性。**「宗教恐怖主義」**則是起因於宗教價值觀的差異或是民族間的對立而實施的恐怖攻擊，除了二〇〇一年九月十一日在美國同時發生的多起恐怖攻擊事件之外，還有類似一九九五年發生在日本的奧姆真理教地下鐵沙林事件的新興宗教恐怖攻擊事件。

此外，近年來的恐怖攻擊不再僅限於試圖改變政治體制或整體的社會體制，而是**愈來愈聚焦於單一議題**，例如反對槍支管制、反對墮胎、反全球化主義或是環境保護等。從這個角度上來看，為了防止恐怖主義，需要範圍更加廣泛的監控與因應對策。

恐怖主義的定義

所謂恐怖主義 ＝ 為了達成特定的政治目的，採取某些手段來造成一般民眾恐懼的暴力行為

常見的恐怖攻擊

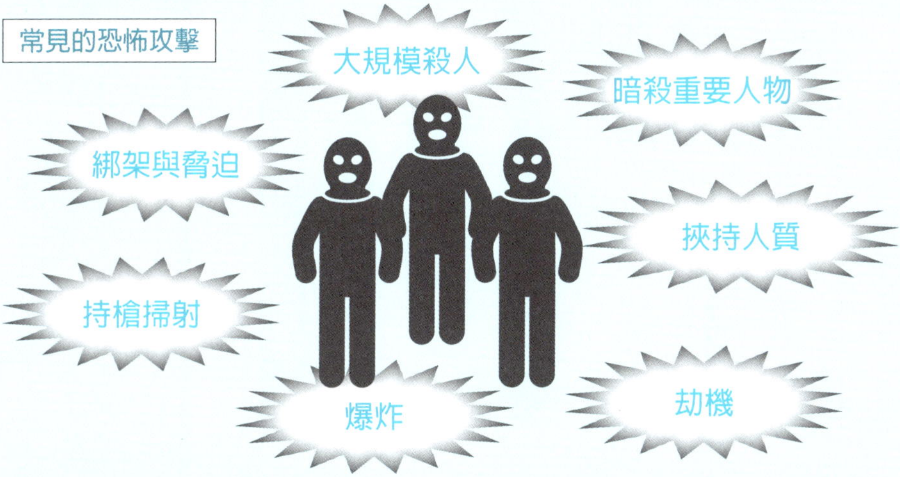

恐怖主義的目的

政治恐怖主義

以政治思想為背景而進行的恐怖攻擊，有左派集團引發的恐怖攻擊與右派集團引發的恐怖攻擊兩種方向性。

■左派團體

以實現社會主義或共產主義為目的的團體。日本的相關案例有發生在一九七四年的三菱重工爆炸事件。

■右派團體

重視傳統文化，並以建立此類國家為思想的組織。日本的相關案例有發生在一九六〇年，由曾隸屬右派組織的十七歲少年所犯下的淺沼社會黨委員長殺害事件。

宗教恐怖主義

與宗教問題或民族問題相關而進行的恐怖攻擊，二〇〇一年九月十一日在美國同時發生的多起恐怖攻擊事件即為其中一例。此外，也可能會發生類似一九九五年日本奧姆真理教地下鐵沙林事件的新興宗教恐怖攻擊事件。

聚焦於單一議題的恐怖攻擊

近年來恐怖攻擊的特徵之一，是不再僅限於試圖改變政治體制或整體的社會體制，而是聚焦於單一議題的恐怖主義，可能的目的包括反對槍支管制、反對墮胎、反全球化主義或是環境保護。

Chapter 15

近年來個人恐怖分子有增加的趨勢!?

不屬於任何組織的個人恐怖分子

在前一頁有提到，近年以單一論點為訴求的恐怖主義有增加的趨勢，同時這幾年的恐怖活動還有一大特徵，那就是出現了**不屬於任何組織、獨自進行恐怖主義行動的個人恐怖分子**。

在過去的恐怖主義活動中，恐怖攻擊的執行者通常隸屬於某個具有社會性或宗教性思想的團體，並且會依照組織的指令執行恐怖攻擊。然而近年來，由於網際網路等因素的影響，逐漸出現了一些不隸屬於任何集團的個人式思想激進分子，單獨執行恐怖攻擊行為的情況。這種單一個人的恐怖分子稱為**「單獨行動型恐怖分子（Long Actor Terrorist）」**或**「孤狼型恐怖分子（Lone Wolf Terrorist）」**。由於「孤狼型恐怖分子」往往在沒有任何前兆的情況下突然出現，因此其犯行難以預測，形成了重大的社會安全問題。

此外，在個人式恐怖分子中，還有一種透過網路接受到海外的洗腦，而在**自己成長的國家做出宗教恐怖攻擊的類型，這些人則被稱為「本土型恐怖分子（Homegrown Terrorist）」**。近年來由於許多恐怖組織都會利用網路進行宣傳和招募活動，因此如何防止個人式恐怖分子的出現，已成為反恐對策中的一大課題。

恐怖主義的個人化

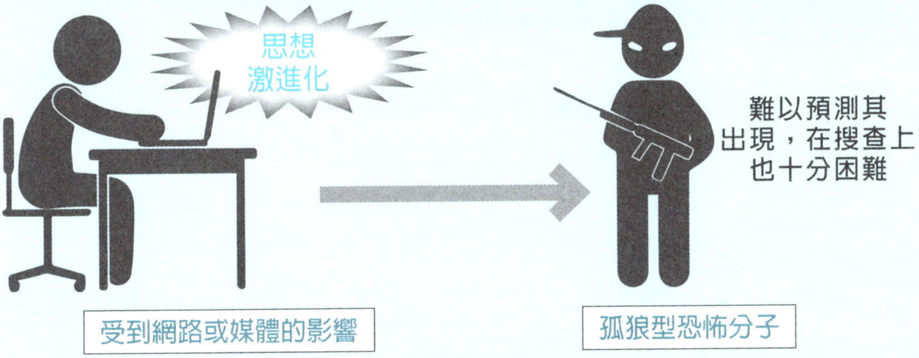
思想
激進化
難以預測其
出現，在搜查上
也十分困難
受到網路或媒體的影響
孤狼型恐怖分子

未隸屬於任何團體的個人因為受到網路或媒體的影響而逐漸激進化，最終發動恐怖襲擊。此類型的恐怖分子被稱為「單獨行動型」或「孤狼型」恐怖分子。

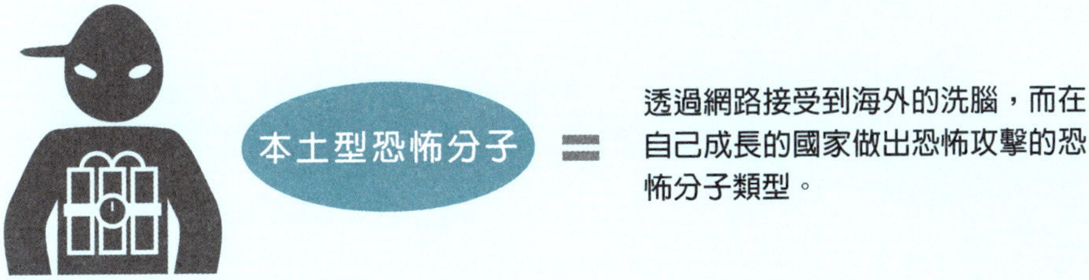
本土型恐怖分子
＝
透過網路接受到海外的洗腦，而在
自己成長的國家做出恐怖攻擊的恐
怖分子類型。

利用網際網路

發布主張
直播殺害人質的畫面
招募成員
對敵對人物進行誹謗中
傷或公開其個人資訊

近年來有許多恐怖組織會利用網際網路發布其主張、招募新人、直播殺害人質的畫面，或是對反對自身運動的人物進行中傷或公開敵對人物的個人資訊。

透過紅外線熱影像儀可以看出對方在說謊嗎？

在辨別嫌疑人是否撒謊的方法方面，最有名的是多項生理反應測試儀（例如測謊儀），但近年來還有另一種方法也十分受到關注，也就是使用紅外線熱影像儀。這種方法是拍攝測試對象的臉部，在提問各種問題的過程中分析其臉部的溫度變化，來判斷對方是否有說謊的情形。而在此方法的有效性方面，美國的霍尼韋爾研究所與國防部曾共同進行過一項實驗。在這項實驗中，首先將參加者分為有罪組（十二人）和無罪組（十二人），有罪組被要求進行模擬犯罪，使用螺絲起子刺傷假人並搶走金錢。隨後讓參加者在紅外線熱影像儀監控其臉部溫度的情況下，接受有關凶器的詢問。詢問時以隨機順序播放「鉛筆」「剪刀」「拆信刀」「藍波刀」和「螺絲起子」等詞彙的聲音並重複五次，分析參加者在此時的臉部溫度變化，而實驗結果顯示，這種方法能夠以91.7%的高精確度區分出有罪組和無罪組。與測謊儀不同，這種利用紅外線熱影像儀的檢測方法不需要檢測對象佩戴任何裝置，因此可以期待這項技術有機會應用在機場的入境審查，提前防止恐怖分子等懷有犯罪目的的人進入國家。

使用紅外線熱影像儀預測有罪／無罪的正確率

	紅外線熱影像儀的預測結果		正確率
	無罪	有罪	
無罪組	11	1	91.7%
有罪組	1	11	91.7%

（數字為人數）

第3章

性犯罪者的心理

Chapter 1

性犯罪有哪些種類？

只要未經同意，即使戀人也構成犯罪

性犯罪包括「強姦（強暴）」「不同意猥褻」「對未成年人性交猥褻」「色狼」「性虐待」等接觸到受害者身體的犯罪，也包括「偷拍」「偷窺」「暴露」「偷盜內衣」等雖然未直接接觸到受害者的身體，但對受害者造成精神創傷等多種犯罪行為。此外，糾纏不休的追求行為，或是一天之內多次以電話或郵件聯絡等與戀愛相關的**「跟蹤騷擾行為」，也可以視為性犯罪之一**。

尤其是像「強姦（強暴）」或「不同意猥褻」等性犯罪，正如同它的別稱「靈魂謀殺」一樣，會給受害者帶來無法估量的精神痛苦，屬於極其嚴重的犯罪。

在遭遇到這種犯罪時，有時會出現「沒有明確拒絕的受害者也要負一部分的責任」這樣的意見。然而，即使沒有伴隨暴力或威脅，只要是因為「動彈不得的狀態」（在遭受性侵時，因為面對預想不到的情況而無法動彈的狀態）、或是因為地位所造成的影響力等原因，**讓受害者難以明確表達拒絕的情況下，犯罪依然可以成立。此外，「不同意性交」或「不同意猥褻」即使發生在夫妻或戀人之間也同樣成立**，因此，「因為我們在交往所以發生性行為是理所當然的」這種認知是錯誤的。

性犯罪的主要種類

強姦（強暴）

違反對方意願，以暴力、脅迫或讓對方心神喪失等方式強迫發生性行為。

不同意猥褻

在未經受害者同意的情況下，進行觸摸身體等性行為以外的猥褻行為。

公然猥褻

在不特定或多數人能夠看到的情況下，露出性器官等猥褻行為。

色狼

在公共場所或交通工具中，違反對方意願，做出觸摸身體等猥褻行為。

偷拍、偷窺

未經同意拍攝對方的內衣或性行為，或進入浴室等人們裸體的場所進行偷窺。

內衣竊賊

入侵他人的住宅、陽台或自助洗衣店等地點竊取內衣。

跟蹤狂

對特定人物做出跟蹤、埋伏、闖入、無聲電話或發送騷擾郵件等行為。

未成年性交猥褻

與未滿十八歲的青少年進行性行為，或類似性交的行為。

兒童性虐待

對兒童做出猥褻行為或讓兒童做出猥褻行為。

強暴犯的目的是為了發洩性慾？

動機並非只有性慾

強暴是指在未經對方同意的情況下強制進行性行為的犯罪，主要分為由熟人所做出的「熟人間強暴」，以及完全不認識的人所做出的「陌生人強暴」。

有關這種強暴犯罪，長時間以來都認為是一種「由性慾主導的犯罪」，也就是性慾積壓之後成為引發犯罪的誘因。然而，隨著對強暴犯研究的深入，現在已發現**並非只有性慾是犯下強暴罪的動機**。

舉例來說，例如，美國的奈特和普倫茨基（Knight & Prentky）將強暴犯分為「憤怒報復型」「剝削型」「補償型」和「施虐型」四種類型。從這些分類來看，**性慾作為主要動機的只有「補償型」**，而其他類型與其說是由性慾引發的犯罪，其實更可以看作是暴力犯罪的類型。

此外，也有研究指出，加害者在強暴之前往往經歷過生活上的壓力或自尊心受損的經歷，因此強暴可能是一種發洩這些壓力，或者透過支配女性來恢復自尊心的方式。不過**在日本，相較於暴力性質的強暴案件，以性慾為表面動機的案件更多，這可能與美國強暴犯的犯罪傾向有所不同**。

強暴犯的四個分類

憤怒報復型

- 認為自己受到了女性的不公平待遇或侮辱，因而為了復仇而進行強暴。
- 比起針對特定女性，更像是對所有女性懷有恨意，並隨機選擇合適的對象施加強暴。
- 對他們來說，強暴與其說是性行為不如說是暴力行為，因此受害者經常會受到肉體的傷害。

剝削型

- 懷有男性至上的思想，認為男性以暴力支配女性是理所當然的。
- 強暴只是將這種想法付諸行動，並且是基於自我中心且自私的思維模式。

補償型

- 社會能力不強，自尊心低落。
- 喜歡看色情片，大部分會有偷窺或暴露等性癖。
- 雖然強暴是出於性慾的目的，但同時也想要用支配女性來確認自身的能力，即使只是暫時性的。
- 有些犯人還會深信女性很享受被強暴的過程。

施虐型

- 為了滿足自身的施虐性慾，盯上符合自己喜好的女性並做出帶有暴力性質的強暴。
- 透過傷害受害者來滿足自己性慾，因此最糟糕的情況下甚至會殺害對方。
- 是最危險的強暴犯類型，有些案例還會成為連環殺人犯。

強暴犯罪的動機並不一定都是性慾？

過去所認為的強暴犯罪動機

對性的慾望累積到成為引爆點，進而做出強暴行為。

根據奈特與普倫茨基的分類而導出的強暴犯罪動機

「補償型」以外的強暴行為可以視為暴力犯罪的類型，而非性慾驅使的犯罪。

Chapter 3

源自「女性也有錯」的偏見而造成的「二度強暴」

▼依舊蔓延在現今社會的「強暴迷思」▲

「二度強暴」（性方面的二次傷害）是性犯罪的重大問題之一。這是指性犯罪的受害者在警察審訊或媒體報導等過程中，回想起性侵的痛苦，或是遭受「會遭到性侵受害者自己也有過錯」等中傷，進而**承受到更多的心理和社會性的傷害**。

尤其是「受害者也有錯」的這種觀念，可能是由於社會上對於性犯罪的錯誤認知所導致。具體來說，這包括「穿著暴露的女性會遭遇到性侵是活該」「如果不喜歡的話應該要更激烈地反抗，既然沒有反抗就表示她希望被強暴」，或者是「在強暴案件中，有很多都是女性為了報復男性而捏造的」等觀念，這些都被稱為「強暴迷思」，這些**錯誤的觀念也是性侵受害者之所以會猶豫是否要報案的原因之一**。

關於這種「強暴迷思」，雖然大多數人會否定其中的內容，然而近年來曾在社會上引起關注的性侵事件中，仍然會有對受害者進行中傷的情況出現，這種現狀就表明了這些觀念在現今的社會中並未完全消失。

什麼是強暴迷思？

性方面的慾求不滿

因為男人有比女人更強烈且無法抑制的性慾，所以強暴有時是逼不得已的行為。

衝動行為

因為強暴只是一時的衝動或激情，所以不應該過於嚴厲地譴責此類行為。

女人的性挑逗

因為受到女人的性魅力所吸引才強暴她，所以女人的性挑逗也是原因之一。

電車內那麼擁擠，女人站在裡面會被性騷擾也是理所當然的。

認可暴力的性行為

女人被男人暴力對待可以讓女人得到性滿足。

覺得粗暴的對待對許多女人來說是一種性刺激。

女人的被強暴願望

女人其實下意識地希望自己被強暴。

是女人自己不小心

因為女人的行為或穿著不夠檢點才讓自身陷入被強暴的危險，這種女人會遭遇到強暴也是活該。

捏造

有不少強暴事件都是女人為了掩蓋不利於自己的事蹟，或是為了報復男人而捏造出來的。

犯罪意識淡薄

觸碰女人的身體就像打招呼一樣。

對女人性慾的誤解

獨自行走在繁華街道的女人，一定是在等待男人去誘惑她。

摘錄自強暴迷思與性犯罪（大渕等，1995）、
性資訊接觸與性犯罪行為可能性（湯川，泊，1999）

什麼是二度強暴？

讓被害者更加痛苦。

Chapter 4

暴露狂常出現的時間及地點？

性犯罪中特別常見的犯罪

暴露狂是指突然對受害者暴露出男性生殖器官，看到對方受到驚嚇或驚慌失措的樣子而從中享受到樂趣的犯罪行為。犯人幾乎全部是男性，受害者也多數為女性，但也有男性成為受害者的案例。

由於這些暴露狂幾乎不會出現在電視新聞等媒體中，因此大家往往會以為這只是一種很少發生的小型犯罪。不過**事實上暴露狂是日本性犯罪中發生率特別高的犯罪之一**，舉例來說，在一項針對高中生和大學生所進行的調查顯示，有45．3%的人回答曾經遭遇過暴露狂。

此外，在暴露狂的相關數據方面，一項針對二〇〇七年十月至二〇〇八年五月期間因暴露行為而被逮捕的四百一十五個案例所進行的調查結果顯示，**暴露狂比起夜間更常在日間出沒**，犯案地點也以路上為最多。而且雖然大家經常會有暴露狂是中年男性的印象，但**實際上二十多歲的犯人也不在少數**。

至於這些人之所以會做出暴露行為的心理動機，除了與性相關之外，還有一種動機可能是想要自我表現，「想要透過自己的行為對他人造成影響」的犯罪形式。

日本國內暴露狂（公然猥褻罪）之加害者與受害者之相關數據

犯罪情形

犯罪時間	白天	66
	夜間	34
犯罪場所	路上	40
	公共施設	22
	停車場	15
	大衆運輸内	11
	公園等地區	7
	住宅區	5

受害者

受害者	女性	75
	男性	10
受害者年齡	～九歳	2
	～十九歳	30
	～二十九歳	34
	～三十九歳	16
	～四十九歳	8
	～五十九歳	7
	～六十九歳	2
	～七十歳以上	1

加害者

犯人年齡	～十九歳	3
	～二十九歳	21
	～三十九歳	28
	～四十九歳	23
	～五十九歳	15
	～六十九歳	8
	～七十歳以上	3
學歷	中學畢業	26
	高中畢業	50
	大學畢業	23
職業	沒有工作	30
	有工作	70
婚姻	已婚	30
	已婚且有孩子	2
前科	有	51
	無	49

（數値為%）

摘錄自《男性暴露狂的犯行特徵與犯人資料分析》（二〇一四）

橫田等人（二〇一四）以二〇〇七年十月至二〇〇八年五月期間因暴露行為被捕的四百一十五個案例為對象，對其犯案情況及屬性所進行之統計整理。

統計資料所顯現的趨勢

- 日間比夜間更容易出現暴露狂
- 受害者多為十幾歲～二十幾歲女性
- 加害者多為二十幾歲～四十幾歲男性
- 加害者中有51%有前科

色狼的動機並非來自於欲求不滿？

無法停止色狼行為的心理

色狼（癡漢）是日本常見的性犯罪之一。

色狼這個詞彙涵蓋的意義很廣，但在狹義上通常是指在電車或公車等大眾運輸工具上，觸摸他人的臀部或私密部位、或是用自己的生殖器官去觸碰他人等性騷擾的行為。

一般認為**色狼是為了滿足性慾才做出性騷擾的行為**，但在另一方面，也有調查指出在色狼慣犯當中，有不少人並非為了發洩性慾，而是將這些行為當作是**紓解壓力的手段而沉迷於此**。

即使一開始只是一時興起而做出色狼行為，可是一旦有了因為這些行為而感到心情舒暢或消除鬱悶之氣的經驗之後，將來在承受到某些壓力時，就可能會再次以性騷擾行為作為抒壓方式。**這種類型的色狼會在可能被抓住的刺激感中，對成功做出性騷擾行為的本身感到快感，並會為了追求這種刺激而反覆做出性騷擾行為**。

除此之外，「條件反射」與「認知扭曲」的問題也可能是色狼會變成慣犯的重要原因。在這些因素的交織之下，讓色狼即使明知自己一旦被抓住便會有失去一切的風險，卻依然無法停止色狼行為。因此近年來，色狼也被視為「性偏好症（Paraphilia）」的一種，並嘗試透過治療來防止再犯。

反覆做出色狼行為的心理

家庭失和
工作繁重或
壓力太大
人際關係
為了消除壓力
而做出色狼行為
小心色狼
出沒!!
沒有被抓到
的成功經驗
因為做出色狼
行為而感到
心情舒暢
或消除鬱悶之氣
沉迷於色狼行為，
將其作為紓解壓力的手段

條件反射與認知扭曲

條件反射

當擠滿人的電車與色狼行為形成條件反射之後，只要乘坐擠滿人的電車，就會產生想要做出色狼行為的衝動。

認知扭曲

做出「對方不抵抗性騷擾行為是因為喜歡被自己摸」等對自己有利的解釋。

認為色狼是一種「性偏好症（Paraphilia）」的觀點

色狼的原因是？

藉由觸碰未經同意的人或摩擦身體而感受到強烈的性興奮，並因此學習到用這種行為來釋放壓力，最終導致反覆地做出色狼行為。

➡ 將色狼視為一種行為障礙，目前也有利用治療來防止再犯的相關措施。

Chapter 6

為什麼偷拍犯罪不斷地增加？

智慧型手機的普及是主要原因

與色狼並列，偷拍同樣是日本經常出現的性犯罪問題之一。這些罪犯通常會使用智慧型手機或藏在包包中的小型相機，拍攝女性的裙下風光等畫面，或者是在更衣室、廁所等地方安裝攝影機，偷拍女性換衣服或如廁的樣子。

偷拍是近幾年急遽增加的犯罪，根據日本警察廳的資料，平成二十二年（二〇一〇年）的檢舉件數為一七四一件，而到了令和四年（二〇二二年），檢舉件數則已經增加到五七三七件，增長了三倍以上。造成此種增加現象的主要原因，無疑是因為智慧型手機的普及。實際上，在令和四年被檢舉的偷拍犯人**所進行的**。

此外，近年來還有人會利用網路販賣偷拍影片，這也可能是偷拍犯罪增加的原因之一。換句話說，這些犯罪不再僅僅是出於個人的性嗜好，還包括了以金錢為目的的偷拍行為。也有報告指出，有些案例是**高中生為了賺取零用錢而在校內偷拍女學生的裙底或更衣過程，然後再將這些畫面透過社交媒體等平台進行販售，這種現象已經成為一個很嚴重的問題**。

如果是在過去，即使有偷拍的機會也會因為缺乏設備而無法實施犯行，但是到了現在，只要有意任何人都可以輕易地進行偷拍。可以說這種機會的增加，催生出了大量的偷拍犯人。

偷拍犯相關之檢舉情況

偷拍犯相關檢舉案件數量之變化

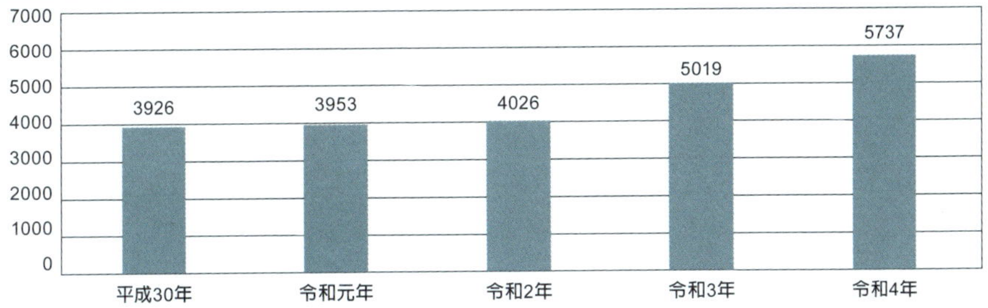

不同發生時間之檢舉件數

發生時間	檢舉件數（件）	比例（%）
0～3點	182	3.2
3～6點	62	1.1
6～9點	663	11.6
9～12點	563	9.8
12～15點	957	16.7
15～18點	1461	25.5
18~21點	1086	18.9
21～24點	619	10.8
不明	144	2.5

不同犯罪工具之檢舉件數

犯罪工具	檢舉件數（件）	比例（%）
帶有相機功能的手機	61	1.1
數位相機	180	3.1
智慧型手機	4534	79.0
平板電腦	32	0.6
錄影機	73	1.3
小型（隱藏型）相機	821	14.3
其他	36	0.6

不同發生地點之檢舉件數

發生地點		檢舉件數（件）	比例（%）
車站內	樓梯、電扶梯	1121	19.5
	月台	120	2.1
	其他	87	1.5
交通工具	電車等	306	5.3
	巴士	66	1.2
	其他	2	0.0
路上		193	3.4
購物中心等商業設施		1208	21.1
書店、租借影碟店		119	2.1
遊戲中心、賭場		166	2.9
其他公共場所		275	4.8
「公共場所」以外的地方	學校（幼稚園）	75	1.3
	其他	192	3.3
可能會不著衣物的場所（住處、廁所、浴室、更衣室等）		1807	31.5

被檢舉的偷拍犯人
有八成左右的比例
使用智慧型手機犯案

摘錄自日本警察廳《令和四年中違反擾民行為防止條例等法令（色狼、偷拍）相關檢舉案件之調查結果》

「針對兒童的性犯罪者多為中老年男性」是真的嗎？

▼半數以上是十幾到二十幾歲的人犯下▲

在針對兒童的犯罪中，**性犯罪屬於相對上較多的案件**。最常見的是由暴露狂所犯下的暴露性器官，其他還包括碰觸身體、脫掉衣服等未經同意的猥褻、性交或類似的性侵或性騷擾行為、以及拍攝強暴、裸照等兒童色情內容，讓兒童成為各種性犯罪的受害者。

此外，在所謂的誘拐事件或監禁事件中，若犯人與受害者原本毫不相識的話，會發現其中有將近九成都是出於與性相關的犯罪目的，這也可以視為性犯罪的一種。

像這種針對兒童下手的性犯罪者，一般會有通常是中老年男性的印象，然而**事實上年齡在十幾歲至二十幾歲之間的犯罪者也相當多**。無論是針對青少年的強暴犯，還是對幼兒的誘拐與猥褻案，都有超過一半的比例是由十幾歲至二十幾歲的犯罪者所為。特別是針對青少年的強暴犯，在所有年齡層中以十幾歲的犯罪者所占比例最多，這一點與一般人的印象並不相同。至於**犯罪發生的時間，有60%至70%集中在下午三點至六點之間**，犯罪地點則包括公寓的樓梯間、公園或商業設施的廁所、以及人煙稀少的街道。舉例來說，廁所任何人都可以進入，而且進去之後就成為了外界無法看見的死角，因此成為犯罪者理想的作案地點之一。

兒童性犯罪者的分布

兒少性侵犯

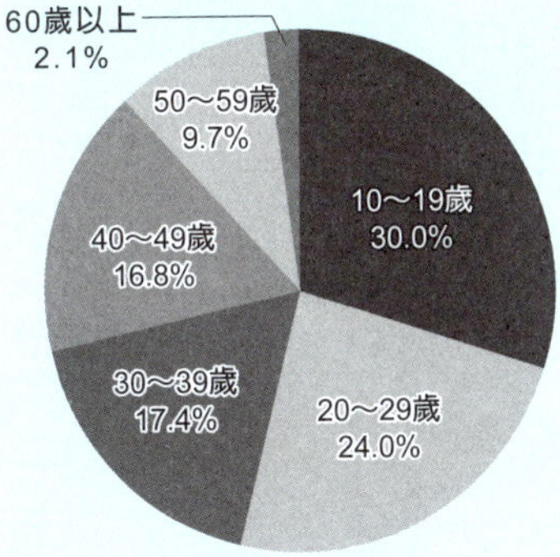

左圖是將兒少性侵案、幼童誘拐與猥褻案之加害者年齡進行圖表化的結果。從圖中可以看出，兒少性侵案有**54**%、幼童誘拐或猥褻案有**56**%的比例是由二十歲以下的人所犯下的。

摘錄自《搜查心理學》（渡邊昭一 編寫）

幼童誘拐與猥褻犯

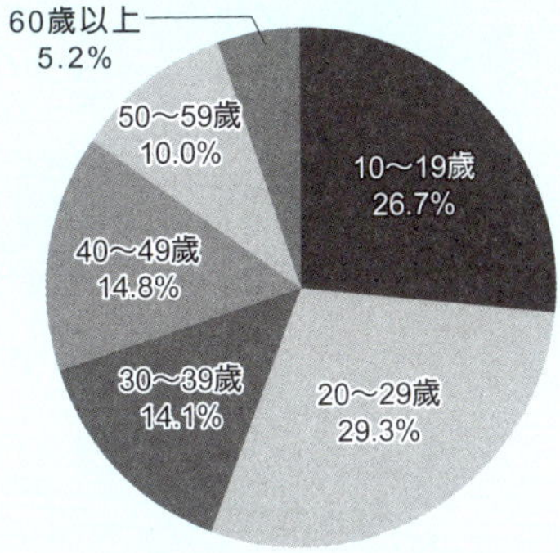

犯罪發生的時段與地點

- 整體的**60～70**%發生在下午三點到下午六點的放學時間。
- 發生地點包括公寓（中高層住宅）、公園、路上等。
- 商業設施的廁所等「容易進入且不易被看到的地方」很容易成為目標。

公開性犯罪者個人資訊的法律規定

梅根法案的優點與缺點

在性犯罪者當中，有些人即使被逮捕過仍會再次犯下相同的罪行。如何保護人們不受到這些犯罪者的傷害，成為社會的重要課題，而**美國所制定的俗稱「梅根法案」的法律**，就是其中一項因應對策。

該法律規定，性犯罪者慣犯應依照危險程度進行分類，並將**最具危險性的性犯罪者公開其姓名、住址、職業等個人資訊**。制定該法的契機，是發生在一九九四年美國新澤西州的一起案件，當時一名名為梅根·坎卡（Megan Kanka）的少女被一名有性犯罪前科的男性殺害，於是促成了該法律的誕生，隨後其他州也相繼採用相同的法律。關於梅根法案，在強調其優點是可以藉由通知住家附近有性犯罪者的存在讓父母更容易保護好孩子的同時，**另一方面也遭受批評，認為梅根法案會導致有前科的人被社區排斥，阻礙其重返社會，反而可能成為促使其再次犯罪的因素**。

實際上，針對梅根法案適用對象的一百八十三人所進行的調查顯示，雖然前科犯本人也承認梅根法案對防止再犯有一定的效果，然而在另一方面，該法律也造成了一個現實，就是會使這些更生者失去了朋友或重要的人，讓他們感到孤獨，甚至失去工作，而這些對於重返社會至關重要的因素，卻會因梅根法案而受到阻礙。

什麼是梅根法案？

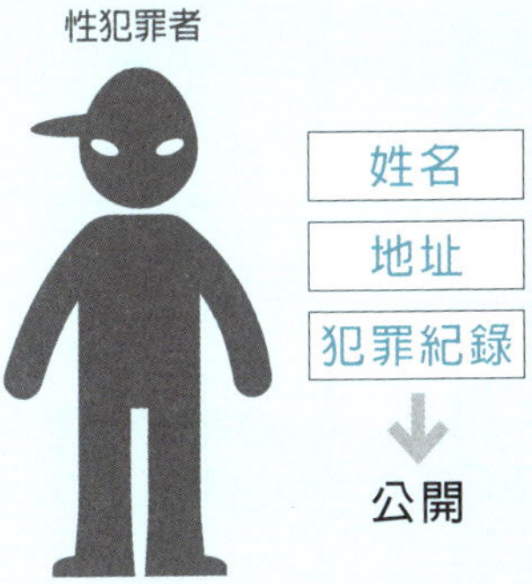

梅根法案

性犯罪者在服刑期滿後，需將其姓名、住址、犯罪紀錄等個人資訊登記並向居民公開的法律總稱。

↓

藉由通知住居附近有性犯罪者的方式，讓家長能夠保護好子女。

梅根法案對性犯罪者造成的影響（Levinson & Cotter.2005）

因為被雇主或同事得知其性犯罪者身分而失去工作	27%
因為被房東得知其性犯罪者身分而失去住處	20%
受到鄰居的威脅或騷擾	33%
遭受到不明人士襲擊	5%
遭受到不明人士破壞住宅或財產	21%
因梅根法案感到孤獨	64%
因梅根法案失去朋友或重要的人	52%
因梅根法案感到生命安全受到威脅	46%
因梅根法案對未來失去希望	72%
因梅根法案減少再度犯案	22%
激發自己為了得到周遭人的信任而不再犯罪	66%
感覺有許多人支持自己防止再度犯罪	52%
同意知道性犯罪者的住處地有助於提升社區安全這個觀點	32%

也有人批評梅根法案可能會因為妨礙更生人重新做人的機會而增加再次犯罪的可能性。

以兒童為對象之性犯罪者的分類

為什麼會把兒童當作性對象？

針對兒童的性犯罪，也可以透過分析犯罪動機與犯人的行為模式將其分類為幾種類型。目前存在有許多種分類方式，其中較具代表性的是麻薩諸塞州（麻省）治療中心的分類方式。該分類將**針對兒童的性犯罪者分為以下四種類型：「固著型戀童癖」「退縮型戀童癖」「剝削型戀童癖」及「施虐型戀童癖」**。

這樣的分類方式雖然在解讀犯人的性格與嗜好方面具有參考價值，可是在另一方面，有關這些性犯罪者為什麼要將兒童視為性對象，則幾乎完全無法得知。

針對這個問題，有學者提出一種假設也就是**「學習理論」**。此假設認為這些人可能在幼兒時期因為與其他孩童之間偶然發生的性接觸，使得「兒童」這項刺激與性快感之間建立了條件反射，再透過性幻想或自慰造成了反覆強化的結果，最終形成了對兒童的性偏好。另外，**「精神分析理論」**則提出，這些人可能因為某種原因讓心理發展受到阻礙而導致有退化的現象，於是為了補償自卑感、獲得優越感或控制感，而將兒童視為性對象。

兒童性犯罪者的分類（麻省治療中心之分類）

固著型戀童癖

- 社交能力不成熟，無法順利與成年男性或女性建立關係。
- 能夠與兒童建立人際關係，跟兒童接觸時是最放鬆的時刻。
- 碰觸兒童時喜歡以撫摸方式為主，通常不會真的發生性交行為。
- 以認識的兒童為對象，不會使用暴力或武力強迫的方式。

退縮型戀童癖

- 擁有正常的成長經歷，但因為某些原因傷害到男性的自尊心，或是有喪失自信的經驗。
- 大部分有性功能的問題。
- 通常會以陌生兒童或住在離自家較遠的兒童為目標。
- 被害兒童幾乎都是女童，而且經常會真的發生性交行為。

剝削型戀童癖

- 衝動且性情急躁，屬於那種會被周圍人避而遠之的類型。
- 單純把兒童視為性對象，為了滿足自己的性慾而把兒童當作目標。
- 用盡一切辦法綁架兒童並施加犯行。

施虐型戀童癖

- 藉由攻擊對方、讓對方疼痛得到性快感。
- 受害兒童大多會受到實際傷害，部分情況下甚至會被殺害。
- 受害兒童大多為男童。
- 雖然這種類型的人數量不多，但極度危險且難以治療。

對兒童進行性犯罪的原因

假設1：學習理論

幼兒時期因為與其他孩童之間偶然發生的性接觸，讓「兒童」這項刺激與性快感之間建立了條件反射。

假設2：精神分析理論

因為某種原因讓心理發展受到阻礙而導致有退化的現象。

不過這些都只是假設的理論，至於為什麼會將兒童當作性對象，目前仍是原因不明的狀態。

Chapter 10

要特別小心操控兒童的「兒童性誘拐」

兒童在不知不覺間受到傷害

「Grooming」原本的意思是動物梳理毛髮的行為，**但在性犯罪中，這個詞用來意指成年人為了達成性行為的目的，接近兒童並與其建立親密關係以獲取信任的行為**。

兒童性誘拐的典型案例，是孩子身邊的熟人例如教師、社團教練或才藝班的老師，利用他們的身分對孩子進行猥褻行為。這些犯人大多在乍看之下像是非常熱衷於教育的人，家長也無法想像他們會進行這種犯罪，因此在某些案例中，兒童會遭受到長時間的傷害。

此外，最近特別受到重視的問題是**透過網路所進行的兒童性誘拐**。這是指透過社群媒體或線上遊戲等方式與兒童建立聯繫，並以傾聽生活中的煩惱等方式獲得信任之後，再直接約見兒童進行猥褻行為，或指示兒童發送裸照等。**很多家長完全不清楚孩子在社交媒體上的交友情況，這也使得有兒童在不知不覺間遭受傷害的情況並不少見**。

為了防止這種犯罪的發生，家長除了要向孩子傳授有關兒童性誘拐的知識之外，平時也應該要多關心孩子們的生活狀況。

兒童性誘拐的常見手法

我覺得你這樣很有潛力，我可以特別為你進行個人指導喔！

如果你有煩惱的話，隨時都可以說給我聽唷！

我這邊有好玩的遊戲，要不要一起玩啊？

身邊的熟人

教師、社團教練、才藝課的老師或鄰居等熟人，利用自己的身分地位製造出兒童無法拒絕的情況，並藉機做出碰觸身體等行為。

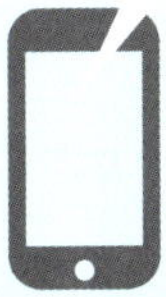

網路

利用社群媒體或線上遊戲等方式與未成年人結識，並透過傾聽煩惱等方式獲得信任後，直接相約見面並進行猥褻行為，或是要求兒童傳送裸照。

不曾謀面的人物

在公園等地方與兒童聊天，提供兒童感興趣的遊戲或漫畫等物品以拉近關係，然後將孩子帶到人煙稀少的地方進行猥褻行為。

兒童性誘拐犯的特徵

- 即使是一些小煩惱或問題商談也給予真誠的回應。
- 完全同理並肯定對方的意見，讓孩童感受到安心和特別的感覺。
- 告訴孩童「你很有才華」「你與其他孩子不同」，滿足對方想要被認同的欲望。

這個人真的很了解我。

是非常親切又可以信賴的成年人。

孩童產生「不想被對方討厭」或「對方應該不會做出什麼奇怪的事情」的想法，結果遭受到侵害。

性犯罪者的更生計畫

利用調適策略來幫助罪犯防止再犯

關於對兒童性犯罪者的矯正，至今已經實施過各種不同的計畫。而在這些計畫當中，**近年來十分受到關注的是「調適策略（coping strategies）」這種方法**。

這種方法並不是針對戀童症本身進行治療，**而是一種訓練方式，讓性犯罪者認知到引發犯罪的因素，並且透過自我控制來預防再度犯罪的策略**。舉例來說，目前已知兒童性犯罪者會在犯罪之前，先出現焦慮或憂鬱的感覺，接下來會對犯罪產生幻想或衝動，然後一邊觀看色情片一邊自慰，最後再為了實現這些幻想而外出等一連串的行為。雖然一旦產生這種連鎖反應最後很可能就會導致犯行發生，但如果性犯罪者能夠認知到自己已經進入了這個連鎖過程，**並採取方法斷開這個過程的話，就能夠有效地預防犯罪的發生**。

目前日本的刑事機構已將調適策略也導入到所施行的再犯防止計畫中，並且也已證實具有一定的再犯防止效果。此外，此法不僅會教導學員如何避免再犯，同時也已**應用在更生的過程中**，指導學員自己設定目標「想要成為什麼樣的人」，並將焦點放在這些目標上，**藉此激發學員的正向意願**。

刑事機構所施行的「性犯罪再犯防止指導」課程計畫概要

項目	指導內容	高密度	中密度	低密度
第1科：自我控制	·廣泛探討並確定與事件相關的原因。 ·制定介入計畫（自我控制計畫），防止與事件相關的重要因素再次發生。 ·讓學員掌握有效介入所需的技能。	必修	必修	必修（精簡版）
第2科：認知扭曲與轉變方法	·讓學員理解有關認知對行為所造成的影響。 ·修正偏差的認知，並讓學員培養適應性思維方式。 ·將認知重建過程納入自我控制計畫中。	必修	選修	—
第3科：人際關係與親密性	·讓學員理解理想的人際關係。 ·改善學員在人際關係中存在的問題，並學習到必要的技能。	必修	選修	—
第4科：情緒控制	·讓學員理解情緒對行為的影響。 ·讓學員理解情緒控制的機制，並掌握必要的技能。	必修	選修	—
第5科：同理心與理解受害者	·提高對他人的同理心。 ·促進同理心的出現。	必修	選修	—

摘錄自日本法務省矯正局．保護局《強化刑事機構與保護觀察所共同合作之性犯罪者處遇計畫之修訂（令和四年度～）》

調適策略＝處理方法

學習與實踐讓犯行不再發生的處理方法

透過調適策略來防止再犯

基於認知行為治療等理論的處遇計畫，針對導致「事件（實行）」發生的過程（循環）中的每個階段，學習調適策略（處理方法），讓自己能夠從循環中脫離。

設定「想要成為什麼樣的人」（目標）

不只是讓人「不要」再犯的方法，同時也應用在更生過程中，指導學員思考未來希望達成的目標以及發揮學員的優勢，利用這種方式來激勵學員的積極意願。

什麼樣的人會演變成跟蹤狂？

約四成是交往對象或配偶所犯

日本每年因為跟蹤騷擾而向警方報案的案件數量高達近兩萬件，加害者雖然大多為二十至四十幾歲的男性，但**近年來高齡者的跟蹤騷擾案例也在增加，甚至有八十幾歲的男性跟蹤二十幾歲女性的事件**。

這種跟蹤騷擾的行為一般認為動機出自於感情的糾葛，但究竟是什麼樣的人會成為跟蹤狂呢？關於這點，許多研究者對跟蹤狂進行了分類。舉例來說，穆倫（Paul Mullen）等人根據目標、動機、行為模式以及加害者的性格，將跟蹤狂分為「被拒絕型」「憎恨型」「尋求親密型」「無能型」和「掠奪型」五種類型。

在這些類型當中，**日本最常見的是「被拒絕型」，亦即被前任的交往對象或是前任配偶進行跟蹤騷擾的類型**。根據令和四年（西元二〇二二年）日本警察廳的統計資料顯示，44．2%的跟蹤騷擾案件是由交往對象（包括前任）或配偶（包括未辦理結婚登記及前任）所犯下的。此外，若加害者與受害者原本存在親密關係，或是加害者有人格障礙、藥物成癮、犯罪前科或暴力史，亦或是曾對受害者發出過威脅的話，**跟蹤騷擾行為升級成傷害或殺人的風險會大幅提高**，因此遇到這種情況時儘早向警方報案求助十分重要。

跟蹤狂的類型（Mullen et al.,2000）

被拒絕型

· 對前任交往對象或前任配偶進行跟蹤的類型。

· 通常是因對方提出分手而引發。

· 雖然有想要復合的欲望，但當這種可能性破滅時，也可能會發展成傷害、強暴或殺人等危險行為。

憎恨型

· 平日容易累積壓力或不滿的人，因為一點小事（例如被踩到腳、被忽視、被敷衍了事等）而情緒爆發，對對方進行騷擾。

· 多數情況下，犯人會隱藏自己的身分，並透過看到或想像對方痛苦的樣子來獲得滿足。

尋求親密型

· 抱持著自己與受害者存有戀愛關係的妄想，並基於此妄想對受害者糾纏不休。

· 這種類型的跟蹤狂通常伴隨有妄想性的精神障礙。

· 難以用合理的勸說來消除這種妄想。

無能型

· 在人際關係中，無法站在對方立場進行思考所產生的跟蹤騷擾行為。

· 若是具有心理病態（psychopathy）的無能型，會對受害者不斷展開單方面的求愛行動，如果未獲得回報，可能會轉向暴力或強暴等行為。

掠奪型

· 為了進行強暴或姦殺等犯罪而蒐集資訊，對特定的受害者進行跟蹤騷擾。

· 由於目的是為了不讓對方察覺到自己在蒐集資訊，所以受害者經常沒有察覺到自己已經成為目標是這種類型的特徵之一。

其他類型

· 因為發展障礙而無法理解對方的感受，待人處事僵化，導致在戀愛中表現出糾纏不清的態度，最終演變成跟蹤騷擾之情況。

· 由於缺乏戀愛技巧，於是採取糾纏不清的行為或可疑的行動而形成跟蹤騷擾之情況。

· 將演員、偶像、運動選手、播報員等名人作為目標之情況。

跟蹤騷擾防制法

「跟蹤騷擾防制法」是一部針對做出糾纏、埋伏等跟蹤騷擾行為的人，給予警告或禁止命令，並在情節惡劣的情況下可進行逮捕的法律。該法於二〇〇〇年制定，其立法的背景是一九九九年發生於埼玉縣的一起案件，一名女大學生遭受到前任交往對象等人的跟蹤騷擾之後被殺害。該法律中所稱的跟蹤騷擾行為，具體包括下列「纏擾等行為或未經同意取得位置資訊等」中的【一】至【十】項目，不僅限於單純的纏擾行為，還包括告知對方其正遭受到監視、對方拒絕後仍持續打電話或發送郵件、以及安裝GPS裝置等行為。違反該法令者將面臨一年以下有期徒刑或一百萬日圓以下的罰金，若進一步違反禁止命令等規定並繼續進行跟蹤騷擾行為的話，則將處以兩年以下有期徒刑或兩百萬日圓以下的罰金等更重之刑罰。

纏擾等行為或未經同意取得位置資訊等

【一】纏擾、埋伏、闖入、徘徊等行為
【二】告知對方其正遭受到監視的行為
【三】要求見面或交往
【四】粗暴的言行
【五】無聲電話、對方拒絕後仍持續撥打電話、發送傳真、電子郵件、網路訊息或信件等行為
【六】寄送汙穢物等物品
【七】損害名譽（散布中傷名譽之內容或寄送郵件威脅對方會損害其名譽等）
【八】侵害性羞恥感（例如寄送猥褻照片到住家等地方，或透過電話或信件說出猥褻的言語）
【九】使用GPS裝置等工具獲取位置資訊的行為
【十】安裝GPS裝置等工具的行為等

→ 明令反覆進行此類行為屬於「跟蹤騷擾行為」，並設有相關罰則。

不過關於「纏擾等行為或未經同意取得位置資訊等」中從【一】到【四】以及【五】（僅限於涉及電子郵件的發送與接收部分）的行為，僅限於可能損害其身體安全、住宅等場所的安寧或是名譽，或者是利用某些方式讓對方感到不安、明顯侵害行動自由的情況下才適用。

第4章

家庭暴力（DV）、虐待的心理

1 為什麼會對配偶或戀人施加暴力？

家暴加害者的類型與動機

當提到家庭暴力（Domestic Violence，簡稱DV）時，大部分的人通常會聯想到毆打、腳踹等行為。不過家暴的範圍並不只限於這種**「身體上的暴力」**，作勢要打人、大聲怒吼等**「間接性的暴力」**，拒絕避孕或強迫墮胎等**「性暴力」**，用輕蔑的語氣說話或在他人面前侮辱對方的**「語言暴力」**，檢查對方手機或郵件、限制交友關係的**「控制與監視」**，竊聽、偷拍或在對方附近埋伏等**「糾纏與跟蹤騷擾」**、強迫對方工作以滿足自己的需求、或剝奪對方對金錢的管理權等**「經濟暴力」**等行為，**都屬於家庭暴力的範圍**。此外，這些家暴行為通常不會單獨發生，而是數種行為同時出現，例如「身體暴力」「性暴力」與「經濟暴力」可能會一同施行，形成複合型騷擾行為。

這些家庭暴力行為的背後涉及到各種不同的動機，總體上可以將家庭暴力施暴者大致分為兩大類型「力量優勢型」和「控制優勢型」。此外，還可以進一步細分為以下四種類型：「男性至上主義型」「補償型」「精神控制型」「不穩定型」。

基於這種分析方式去**了解施暴者施行家庭暴力的動機，是制定家庭暴力防治對策不可或缺的一環**。

家庭暴力的種類與加害者類型

家庭暴力的種類

身體上的暴力

毆打、腳踢、使用武器威脅、拉扯頭髮、強行拖拽等。

間接暴力

作勢毆打來進行威脅、大聲怒吼、捶打或踢桌子、牆壁等。

性暴力

強暴、拒絕避孕、強迫墮胎、強迫拍攝裸照等。

語言暴力

輕蔑的說話方式、在他人面前侮辱對方、忽視等。

控制與監視

檢查手機和電子郵件、限制及監控交友關係或購物行為等。

跟蹤與騷擾

闖進老家或住處、埋伏、竊聽或偷拍等行為。

經濟暴力

索取金錢、強迫對方為自己工作、剝奪金錢管理權等。

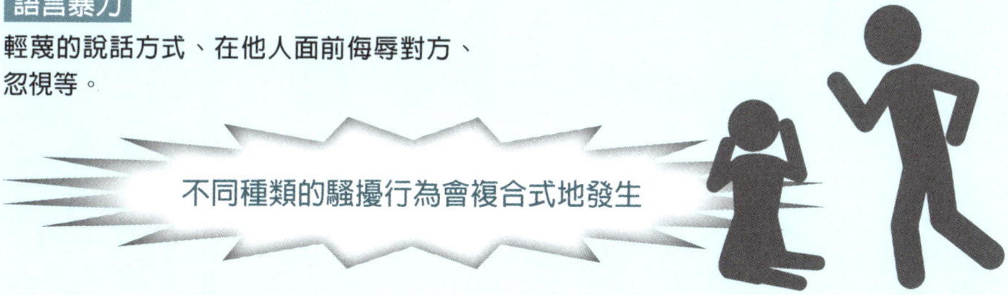

家庭暴力加害者的類型

力量優勢型

男性至上主義型

認為「男性比女性優秀，男性支配女性是理所當然的」等男性至上的意識形態。透過身體上的暴力、性暴力等力量與威脅來維持關係。

補償型

將工作或日常生活中的不滿發洩在交往對象身上以消除鬱悶的類型。不僅會施加身體上的暴力、性暴力，還包括心理暴力和經濟暴力等行為。

控制優勢型

精神控制型

擁有高度的自尊心但內心卻缺乏自信，隨時想要監視對方的一舉一動。一旦事情未如自己所願，便會惱羞成怒。

不穩定型

此類型的人同時存在過度的愛與過度的恨。會以「如果不這樣做，我就去自殺」等言行，向對方進行精神折磨，將其逼入困境。

「如果遭受家暴的話那分手不就好了」這件事為什麼這麼難辦到？

即使遭受家庭暴力也不分手的心理

在遭受家庭暴力的受害者中，**有些案例是即使反覆受到暴力對待，也遲遲無法分手繼續遭受傷害**。從第三方的角度來看，可能會無法理解為何不立即分手，但其實這種現象可能涉及到以下所說的心理作用。

一個原因是家庭暴力的循環模式。家庭暴力的加害者並不會持續對伴侶施暴，而是反覆經歷**「緊張形成期」「爆發期」和「開放期」這三個階段**。雖然受害者在「爆發期」遭受暴力時會考慮分手，但隨後在「開放期」又會因為加害者的溫柔態度或是哭著道歉並保證不再施暴而動搖心意，選擇再次相信對方，導致關係很容易就這樣拖拖拉拉地持續下去。

此外，當這種循環反覆發生時，受害者可能會陷入**「習得性無助（Learned Helplessness）」**的狀態，或者是**在內心為自己遭受到暴力找理由，產生「合理化、自我洗腦」**的念頭。除此之外，還可能因為經濟問題或受到「如果分手就殺了你」的威脅等各種理由而無法離開。無論如何，一旦到了這種地步，受害者就很難靠著自身力量來擺脫家庭暴力，因此**周圍的人需要立即向專業機構諮詢並採取相應的行動**。

家庭暴力的循環

緊張感逐漸加劇，指責或大聲怒吼等行為增加。
緊張形成期
（緊繃狀態的時期）
毆打、腳踢、言語上的威脅或辱罵、強迫性行為等行為發生。
爆發期
（家暴發生期）
開放期
（蜜月期）
冷靜下來的階段。可能會做出送禮物等行為，態度突然變得溫柔，或者是流淚道歉，承諾再也不會施暴。
由於在開放期被對方溫柔對待，於是產生再試著相信對方一次的想法，然後就是不斷重複發生的家庭暴力。

習得性無助與合理化、自我洗腦

我已經不知道該怎麼辦才好了……

會遭遇到暴力都是自己的錯！

習得性無助

一開始會試著從自己的角度去找出對方施加暴力的原因，並努力解決問題。然而無論做什麼最終都還是會再次遭受到暴力對待，漸漸地不知道該怎麼做，並感受到深深的無力感。

合理化、自我洗腦

「他對我施暴是因為我沒用」「他是因為愛我所以才對我這麼嚴格」「因為對方的成長背景很不幸，會這樣也是無可奈何」等，為對方的行為創造出自己能夠接受的理由。

兒童虐待的最大原因是貧困嗎？

貧困家庭發生虐待的風險較高

在日本，每隔一段時間就會發生因為虐待導致兒童死亡的事件，每次發生這種事件時，行政機關或學校的因應措施都會受到質疑，這種事件一直都是很嚴重的社會問題。會發生這種虐待事件的背景，通常包括了「父母因素」「子女因素」以及「圍繞著家庭的因素」這三個方面，這些因素的交疊會提高虐待的風險。

其中，**家庭的貧困就被認為是虐待的重要因素之一**。舉例來說，根據全國兒童諮詢所所長會《全國兒童諮詢所在家庭支援方面的工作狀況調查》（二〇〇九年）的資料，被認為可能導致虐待的家庭與家族成員狀況中，比例最高的是「經濟困難」（33．6%），其次是「虐待者的身心狀態」（31．1%）、「單親家庭」（26．5%）、「夫妻失和」（18．3%）、「就業不穩定」（16．2%）等。

此外，即使是在二〇一三年全國兒童諮詢所所長會的調查當中，「經濟困難」的比例依然高達26．0%，特別是在針對不同類型虐待的調查中，**忽視（Neglect）這一項裡「經濟困難」**的比例達到45．7%，顯示貧困是導致虐待的重要因素之一。因此，**不僅需要對各個家庭進行經濟上的支援，提升整體社會的經濟水準也是防止虐待的一個重要關鍵**。

兒童虐待的類型與風險因子

兒童虐待的類型

身體虐待

毆打、腳踢、掌摑、從高處丟下、劇烈搖晃等，可能對兒童的身體或生命造成危險的行為。

心理虐待

做出會傷害兒童心靈的言行舉止，例如大聲怒罵、威脅、忽視孩子的存在、在兄弟姊妹之間差別對待、在孩子面前施行家庭暴力等。

忽視

不提供適當的飲食、讓兒童長期穿著同樣的衣服、生活在骯髒的環境中、生病時不帶去看醫生、不讓孩子上學、長時間放著孩子不管等行為。

性虐待

強迫發生性行為、暴露性器官、讓兒童觀看性行為、把兒童作為色情片的拍攝對象等。

兒童虐待的風險因子

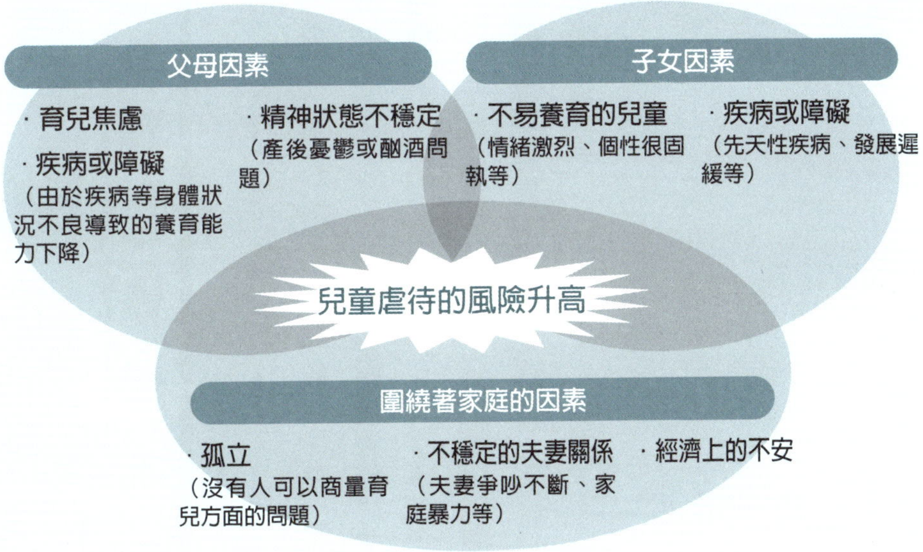

為了展現自己是「好家長」而故意傷害自己的孩子再加以照顧

代理型孟喬森症候群

在兒童虐待當中，有一種類型名為「代理型孟喬森症候群」。這是指家長為了引起周圍的關注或同情，持續地虛構自己的孩子患有難治之症，或是故意讓自己的孩子生病的行為。

所謂的「孟喬森症候群」，是指為了得到「疾病獲益」而假裝自己生病的**人為障礙症**。這裡所提到的「疾病獲益」，是指因為生病而獲得的好處，例如不需要上學或工作，或者是受到周圍人的關愛。同樣地，在「代理型孟喬森症候群」中，家長扮演成悉心照顧生病孩子的「好家長」，藉此獲得周圍的稱讚或善意關懷，這也被視為一種「疾病獲益」。

這種虐待常見的模式，是一開始可能只是利用偽造檢查結果等方式，將**實際健康的孩子偽裝成病患**，之後則會逐漸發展為實際讓孩子生病的行為，**不久之後就會為了持續吸引周圍的注意而讓孩子的病情變得更加嚴重**。如果最後的結果是導致孩子死亡，通常施虐者接下來又會將目標轉移到兄弟姊妹等其他孩子身上，可以說是一種極其嚴重的虐待形式。

代理型孟喬森症候群（MSbP）

代理型孟喬森症候群的特徵

虛構

· 將孩子帶到醫院，並訴說不存在的虛假症狀。

· 向周圍的人散播自己孩子生病的消息。

捏造

· 在體溫計上動手腳假裝成高燒，將自己的血液混入孩子的尿液中偽造成血尿等，人為捏造檢查的結果。

· 讓孩子服用藥物或是將異物混入點滴中，人為地造成孩子身體不舒服或疾病狀態。

· 故意讓孩子受傷。

代理型孟喬森症候群的心理

悉心照顧孩子，扮演「好家長」

↓

吸引周圍的關注與同情

↓

獲得他人的稱讚和親切對待等「疾病獲益」

↓

為了得到「疾病獲益」，
持續對孩子做出捏造病情等虐待行為。

Chapter 5

遭受虐待的孩子長大成為父母後是否會虐待自己的孩子？

「虐待的連鎖效應」是否真的存在？

「虐待的連鎖效應」是家長虐待孩子的原因當中，經常被提及的原因之一。這是指**在受虐環境中長大的孩子，在成為父母之後，也可能以同樣方式虐待自己的孩子**。

之所以有這種說法，是因為有人認為「童年時期的受虐經驗會成為創傷，並在受虐兒成為父母時再度重現」或是「受虐兒會學習到暴力的養育方式」。那麼實際上這種「虐待的連鎖效應」是否真的存在呢？

關於這一點，威德姆（Widom）曾進行過一項研究。他針對一九六七年至一九七一年間美國中西部大都會地區地方法院所記錄的九百零三件兒童虐待案件進行追蹤，調查這些受虐兒童在長大成為父母之後犯下哪些罪行，以及是否會對自己的孩子施加虐待，同時再跟未受虐待的六百六十七人組成的對照組進行比較。

結果顯示，受虐待的男性在成年後，與對照組相比，有較大的傾向會犯下暴力犯罪，但**在施虐而被拘留的比例方面，不論男女都與對照組幾乎沒有差異**。也就是說，從這項調查可以得知，無法確認有「虐待的連鎖效應」這種現象。

真的有虐待的連鎖效應嗎？

什麼是虐待的連鎖效應？

受虐兒在長大成為父母之後，也會以相同方式虐待孩子的一種說法。

經常被提及的虐待連鎖效應之成因

- 受到虐待的經歷會成為創傷，並且會再度重現。
- 學習到暴力的育兒方式。

然而根據實證研究顯示，即使過去遭受過虐待，也並不代表將來一定會虐待自己的孩子。

與對照組相比，受虐待的男性在成年後有比較明顯的暴力犯罪傾向，但是在因為虐待行為而被拘留的比例方面，則幾乎沒有差異。

受虐兒與對照組兒童在成年之後
有關暴力犯罪與虐待案件遭到拘留之比例的比較

拘留案件	性別	受虐兒	對照組
暴力犯罪之拘留	男性	15.6%	10.2%
	女性	1.7%	2.1%
虐待案件之拘留	男性	2.0%	1.8%
	女性	0.2%	0.3%

（Widom、1989）

即使虐待的情況延續到下一代，其原因更可能是源於兩代人共有的經濟與社會問題，而非過去的虐待連鎖效應。因此，透過社會支持來中斷虐待的連鎖效應是完全可行的。

Chapter 6

為什麼會發生老人虐待或長照殺人的事件？

必須對照顧者提供支援

在高齡化社會的日本，**老人虐待和照顧殺人絕非只是事不關己的現象，而是嚴重的社會問題之一**。老人虐待的案例包括對於大小便失禁的老人施加身體上的暴力或放任不處理，或是把患有認知障礙且四處徘徊的老人直接關在房間裡或是限制其行動等行為。

在說明這種虐待事件的背景之前，先請大家了解由「認知障礙患者與家屬互助協會」杉山孝博醫師所提出的，有關認知障礙照護家屬會經歷到的四個心理變化階段。這四個階段分別是：「第一階段：困惑與否認」「第二階段：混亂、憤怒與拒絕」「第三階段：妥協與放棄」「第四階段：接受」，長照家庭中的家庭成員，在心理狀態上會依序出現這四種變化。在這四個階段當中，**虐待或長照殺人最容易發生在第二階段**，特別是照顧者在必須單獨承擔照顧責任的情況下，疲於照顧所帶來的壓力或憂鬱等情緒，很容易讓照顧者在心理上陷入困境。當照顧者一個人背負煩惱並對未來感到悲觀時，最後就可能會選擇殺死被照顧者或一同自殺的行為。要**防止這種情況的發生，社會支持是不可或缺的一環**，不僅要對需要照顧的人提供支持，也必須加強對於家庭照顧者本身的援助。

認知障礙照顧家屬會經歷的四個心理階段

第一階段　困惑與否認

對於家人異常的言行舉止感到困惑並試圖否認。無法向周圍的人吐露心聲，獨自承受煩惱。

第二階段　混亂、憤怒與拒絕

對認知障礙的症狀感到困擾，身心俱疲。由於對認知障礙缺乏理解，不知道該如何應對而感到混亂，或湧現出憤怒的情緒，對患者怒吼或斥責。容易陷入對認知障礙患者的抗拒感或絕望感。

虐待或長照殺人會在這個階段發生。

長照殺人的主要動機
· 對未來的不安或絕望
· 長期照護帶來的壓力與疲憊
· 憂鬱等心神上的耗弱
· 經濟上的困窘

第三階段　妥協與放棄

即使再怎麼煩躁也無濟於事只好選擇妥協。或者是達到一種「也只能順其自然了」的放棄境地。

第四階段　接受

隨著對認知障礙症的理解逐漸加深，能夠將患有認知障礙的人接納為家中的一員。

動物虐待的案件有急遽增加的趨勢？

動物虐待案件是近年來急遽增加的犯罪之一。根據日本警察廳的資料，動物虐待的檢舉案件數在平成二十五年（二〇一三年）為三十六件，而到了令和四年（二〇二二年）則增至一百六十六件，增加了四倍以上。案件增加的原因可能與二〇一九年修訂的《動物保護法》有關，該法律規定獸醫師對疑似動物虐待的案件必須進行通報。此外，談到動物虐待時，經常會被提及的一點就是動物虐待可能是殺人等重大犯罪的前兆。事實上，在國外就有多項研究顯示出反社會行為（如殺人和強暴）與動物虐待之間的關聯，例如根據FBI的調查，46%的連環殺人犯在青春期曾有虐待動物的經驗。然而，這些研究只是調查了動物虐待在殺人犯等群體中的比例，可是「有過動物虐待經驗但沒有犯下殺人等犯罪的人」應該也有很多，這個推論卻沒有考慮到這一點，因此把動物虐待視為重大犯罪的風險因子這個結論，仍存在著爭議。

動物虐待案件（違反日本動物保護法第四十四條）檢舉件數之變化

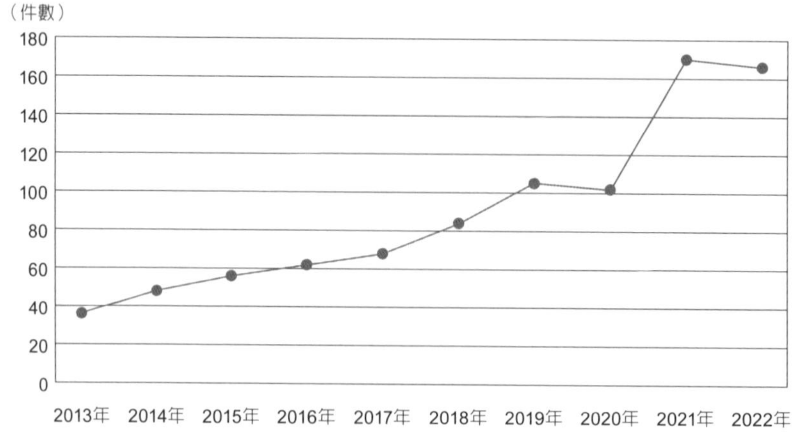

摘錄自日本警察廳《令和四年生活經濟違法事件之檢舉狀況等相關資料》。

第5章

其他不同犯罪的心理

Chapter 1

哪種住宅容易遭遇到竊盜案？

犯人更重視的是不容易被抓

在闖空門等竊盜案件中，**比起選擇看起來有錢的房子，犯人更喜歡鎖定「不易被抓的房子」**。當然，入侵之後如果可以發現大量錢財自然最好，但如果因此而被逮捕的話就偷雞不著蝕把米了。

犯人尤其會注意周遭的視線。實際上在針對入室竊盜犯所進行的調查當中，有大約六成的犯人表示會因為「被人出聲叫住」而放棄作案。換句話說，如果是鄰里關係熟絡或是往來頻繁的地方，對犯人來說就是難以進行犯罪的地方。

此外，罪犯的入侵路徑中，除了未上鎖的門窗之外，最常見的方式就是打破玻璃窗進入。因此，如果窗戶月牙鎖的位置處於容易打開的位置，且窗戶位在不易被看到的死角，這種房子對犯人來說就是再理想不過的目標。

還有，**罪犯最想避免的就是在入侵過程中被他人發現並報警**，而實際上也有大約七成的罪犯表示，如果在五分鐘內無法進入住宅，他們就會放棄作案。因此在窗戶上安裝防護欄或輔助鎖，也是一種有效的闖空門防範措施。

竊盜犯的實際狀況

放棄作案的理由

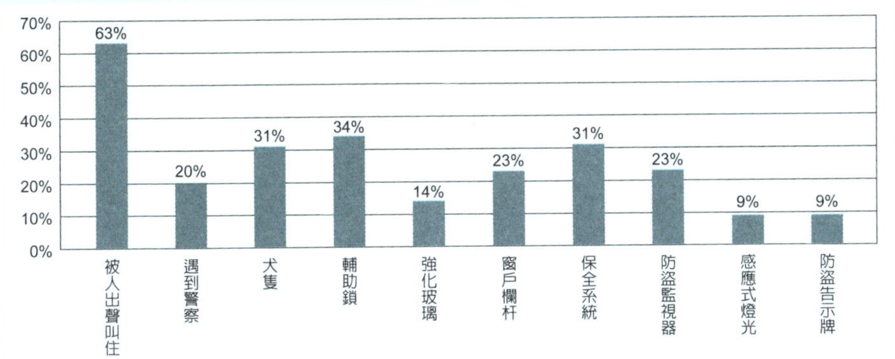

出處：（財）都市防犯研究中心《JUSRI報告附錄NO.17打造防盜環境手冊》

獨棟住宅的入侵方式

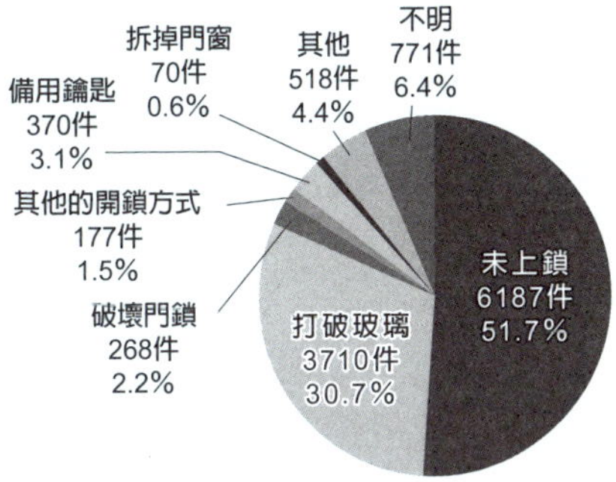

出處：日本警察廳官網

放棄入侵屋內的時間

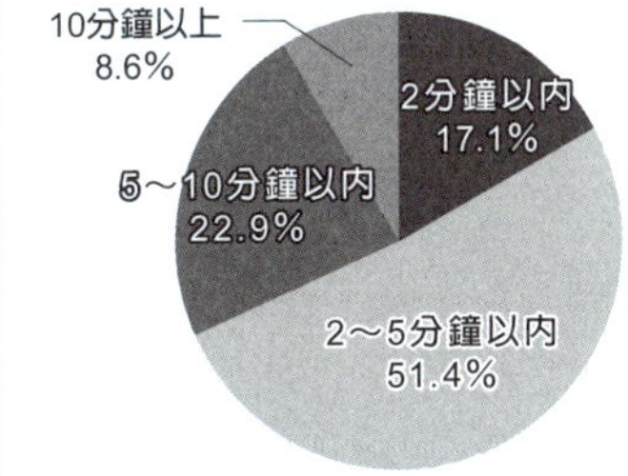

出處：（財）都市防犯研究中心
《JUSRI報告附錄NO.17打造防盜環境手冊》

除了沒有上鎖的情況之外，大多都是從窗戶入侵屋內。

大約七成的犯人如果在五分鐘內無法成功入侵屋內就會放棄。

容易被入侵的房屋特徵

- 有庭院樹木等造成視線死角的物品
- 有東西可以作為入侵屋內的踏腳處
- 窗戶的月牙鎖位在容易打開的位置
- 沒有飼養犬隻
- 靠近車站，便於逃跑
- 房屋周圍很少有人站著聊天或行人經過

Chapter 2

明明有錢卻想要偷東西的理由

店内行竊的動機

店内行竊是指在便利商店、超市或書店等零售店中偷取商品的行為。**這一類犯罪中大多是由青少年所犯下，但近年來老年人犯案的情況也有增加**。

像這樣的偷竊行為，通常會讓人聯想到「有想要的東西可是沒有錢買」所以才會用偷的，可是**現在的店内行竊案件中，動機是經濟原因的案件其實並不多見**。實際上，根據日本警視廳的調查，具備支付能力但卻仍會在商店裡偷東西的人就占了整體案件的大約五成，而在高齡者犯下的案件中，比例更是高達七成。

其動機包括想把錢省下來用在其他用途、偷竊後轉賣牟利、為了體驗犯罪時的刺激感、青少年的不良行為，以及**所謂的「竊盜癖」（Kleptomania），也就是因為無法抗拒強烈的偷竊衝動而做出的順手牽羊行為**。

也有觀點認為，被社會孤立是高齡者偷東西案件增加的原因之一。事實上，根據東京都「有關商店行竊行為之專家研究小組」的調查結果顯示，在六十五歲以上的行竊者中，「獨居」的人占了56．4%，回答「沒有朋友」的人則占了46．5%，於是也有人指出，**或許在店裡偷東西對這些高齡者來說，可能是他們與社會溝通的唯一方式**。

店内行竊犯人的實際狀況與分類

店内行竊犯人是否具有支付能力

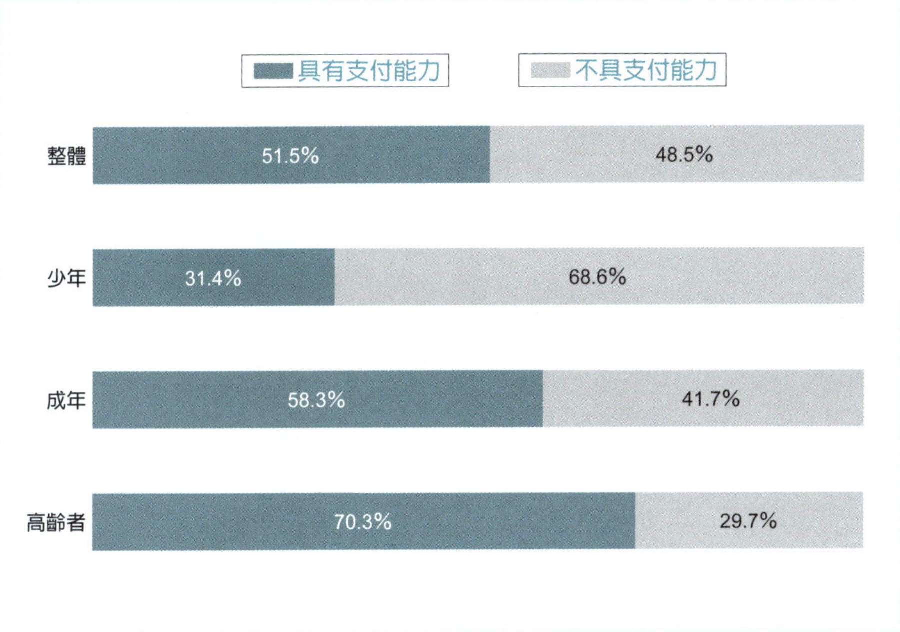

出處：日本警視廳《店内行竊嫌疑犯相關之實際狀況調查分析報告書》（2014年度調查）

有支付能力卻在店内行竊的人占整體案件的大約五成，更占了高齡者的大約七成。

店内行竊犯人的分類

- 為了偷取想要的東西而在店内行竊
- 為了生活而在店内行竊
- 為了節省金錢而在店内行竊
- 為了轉賣牟利而在店内行竊
- 行為偏差而做出的店内行竊
- 為了尋求刺激而在店内行竊
- 竊盜癖造成的店内行竊
- 因為孤獨而在店内行竊
- 店内行竊可能是受虐的徵兆

若是因為節省金錢、轉賣、行為偏差、尋求刺激、竊盜癖、孤獨等原因，那麼這些人即使有能力購買也可能會做出店内行竊的行為。

3 強盜犯會選擇什麼地方作為目標？

強盜喜歡下手的店舖條件

強盜是指使用暴力或威脅手段搶奪他人財產的犯罪。這些**強盜在選擇目標地點時，與闖空門的竊賊類似，會優先考慮容易逃脫且不易被逮捕的地方**。舉例來說，根據英國對七百三十四起銀行搶劫案件的分析調查顯示，曾經遭受過搶劫的銀行分行中，有50％在三年內再次被搶，其中甚至有分行在六年內被搶了五次。另一方面，同一城市中也有從未遭受過搶劫的銀行，顯示出某些分行特別容易成為強盜的目標。

犯人在決定目標時，會考慮的因素包括防盜系統不夠完善、店鋪前面容易停車、附近有可以躲藏的地方、有多條逃跑路線、沒有會阻礙逃跑的交通繁忙路口或鐵路平交道、以及警力無法快速抵達的地方等，而**具備這些條件的地方，很容易成為犯人下手的目標**。

此外，強盜犯依其是否具有計畫性以及是否衝動行事可大致分為「專業型」「盜賊型」以及「牛仔型」三種類型。然而，**在金融機構或便利商店的強盜案件中，出乎意料地大多是由業餘搶劫犯所犯下的，而這類犯人往往會在事後被警方逮捕**。

武裝強盜犯的分類與容易被當成目標的條件

日本的武裝強盜分類

①專業型（有計畫性、無衝動性）	會事先實地考察現場周邊或確認逃跑路線，在經過縝密的準備之後再闖入民宅等地方搶劫的專業犯人。
②盜賊型（有計畫性、有衝動性）	雖然在犯案時準備周到，但在現場無法成功控制住情況的犯人。此類型常見於金融機構搶劫案。
③牛仔型（無計畫性、有衝動性）	不做準備，也不會進行變裝，就這樣直接闖入便利商店等地方搶劫的類型。這種業餘型的搶劫犯有很高的可能性無法順利搶到錢財或逃亡成功。

銀行搶案中容易被搶劫的分行

一九九二年至一九九四年間，針對英國首都警察所處理的七百三十四起銀行搶案所進行的分析結果顯示，曾遭受搶劫的分行中，有50%在三年內再次遭遇搶劫。

美國西雅圖的一項調查也顯示，有63%的銀行曾遭受過兩次以上的搶劫。

- 防盜系統不足
- 分行前面方便停車
- 附近有可以躲藏的地方
- 有多條逃跑路線
- 沒有交通流量大的十字路口或鐵路平交道妨礙逃亡
- 警察無法快速抵達

具備這些條件的銀行，
很容易成為搶匪下手的目標。

相對於發生過多次搶案的銀行分行，也有許多銀行即使位於同一城鎮內卻從未遭遇過任何搶劫。

有會吸引到搶匪的分行，
也有搶匪會避開的分行。

Chapter 4

如何保護自己不要受到網路犯罪的侵害？

自我控制與風險

在智慧型手機極度普及的現在，個人資訊外流或密碼洩漏所導致的未經授權存取、病毒和惡意軟體的感染等網路犯罪，對我們來說，已經成為切身存在的威脅之一。

要防範這些網路犯罪的侵害，除了必須有足夠的個人安全意識，諸如「不要在多個網站上都使用相同的密碼」「不要去瀏覽可疑的網站」「不要隨意點開電子郵件中的連結或開啓附件」，還有研究顯示，**自我控制能力較差的人更容易做出這些高風險行為。**

所謂自我控制（Self control），是指為了獲得更大的滿足感，能夠控制自己不去滿足眼前短暫欲望的能力。面對安全風險時，原本只需要抑制可能帶來風險的行為即可，但自我控制能力較差的人，**往往無法抗拒該行為帶來的短暫滿足感，因此很可能會採取高風險的行為。**

衡量自我控制能力的指標包括「Grasmick自我控制量表」（如左頁）等指標，符合這些量表中多個項目的人，在安全風險方面需要格外注意。

自我控制與安全性

什麼是自我控制？

是指為了獲得更大的滿足感，能夠控制自己不去滿足眼前短暫欲望的能力。這種能力與職業生活、學業成績、人際關係以及未來成功與否等密切相關。擁有較高自我控制傾向的人，通常會表現出更合宜的行為，同時會遏止不合宜行為的發生。

例子

- 要忍耐一段時間以獲得更多的棉花糖，還是立即吃掉眼前的棉花糖。
- 從長時間減重以獲得理想的外貌或健康狀態，還是選擇立即享用眼前的蛋糕。

自我控制能力較差的人，容易為了尋求短暫的滿足感而採取高風險的行為。

Grasmick自我控制量表之範例

1 經常憑衝動行事。
2 事情變得複雜時容易放棄。
3 只是為了體驗刺激，有時會做出危險的事情。
4 即使會給他人帶來困擾，還是以自己的需求為優先考量。
5 我很容易發怒。
6 比起靜靜地思考事情，更喜歡四處走動時的感覺。
7 當對某人感到憤怒時，比起解釋原因更想要傷害對方。

特殊詐騙的手法變得愈來愈狡猾

明知可能會受騙卻仍被騙的理由

「猜猜我是誰詐騙」「退稅詐騙」「存款詐騙」等特殊詐騙的手法，儘管在媒體上已多次重複報導相關的案例，卻依然有不少人會受騙。這些人之所以會受騙，是因為犯罪者運用了極為巧妙的心理技巧。

其中一種心理技巧是「互惠原理」。這是一種**當對方對自己表現出友善的態度或是先提供了服務時，自己也會想要回報對方的心理**。

例如，在「猜猜我是誰詐騙」中，自稱是子女或孫子的詐騙者，慣用手法就是一開始先用溫柔的語氣關懷受害者的健康狀況。此外，「動搖→指示技巧」也是這種詐騙的標準手段。例如詐騙者會先聲稱「你兒子因為性騷擾被捕了」讓受害者陷入恐慌，接著馬上說出「支付○○日圓的賠償就可以和解」，在受害者想要擺脫不安的情緒時給予具體指示，受害者就會更容易遵從其要求。

此外，還有一種技巧叫做**「以退為進法（door-in-the-face technique）」**，即**一開始先提出一個誇大的要求，之後再提出比最初的要求還要更小的要求，讓對方更容易答應這第二個要求。**詐騙者就是利用這種心理操縱手法，讓受害者失去冷靜的判斷力而巧妙地騙取到金錢。

詐騙案中會使用到的心理技巧

互惠原理

當對方向你客氣地說話或是先提供某項服務時，會引發己方產生一種想要回報對方的心理。

這個試用是免費的，
要不要試看看呢？

先接受對方的服務後，會產生如果不簽約會不好意思的心理。

動搖→指示技巧

先讓對方感到動搖和不安，隨後給出能夠擺脫不安的具體指示，對方就會更容易順從的原理。

你兒子因為性騷擾被逮捕了，
要付50萬日圓的慰問金。

因為逮捕這個詞而陷入恐慌，無法冷靜地做出判斷。

以退為進法

先提出一個誇大的要求，之後再提出比最初的要求還要更小的要求，對方就會更容易答應自己所提要求的心理。

具體事例：

1 我挪用了公司五百萬日圓的公款【大的要求】

2 其中的四百萬日圓我會自己解決，能不能借我一百萬日圓就好？【小的要求】

3 因為最初提到了五百萬日圓這個大的金額，讓一百萬日圓感覺起來相對較少，因此減輕了接受這個要求的心理負擔。

Chapter 6

縱火犯的心理狀態

縱火犯的動機與類型

縱火案件多發生在都市地區，其中有將近一半的目標為建築物，其餘則包括車輛、空地、公園或垃圾堆放處等地。與一般火災多發生於白天相比，**縱火案件常發生在夜間**，特別是在深夜所發生的火災中，縱火的比例就比較高。此外，相對於單一縱火案的目標通常是住宅，連續縱火案的目標則通常是垃圾堆放處或車輛等非建築物。

這些縱火犯**有著各種不同的動機和行為模式，可以大致分為八種類型**（詳如左頁）。其中最多的是「為了發洩鬱悶而縱火」，是**連續縱火犯中特別常見的類型**。例如根據神奈川縣警科學搜查研究所上野厚的調查報告顯示，64．9％的連續縱火犯的動機都是為了「發洩不滿」，並且特徵是經常會表示「縱火之後感到非常暢快」。

至於**兒童的縱火行為則有不同的分類**，主要可分為以下五種：出於好奇心而做出玩火等行為、由於家庭問題或生活壓力引發的行為、不良行為之一的縱火、因為「不想去學校」等原因而縱火、以及反覆做出縱火行為的病理性行為。

縱火犯的分類

為了獲得性興奮而縱火

這種類型的縱火犯會透過注視自己點燃的火焰而獲得性快感。例如在自慰後可能會有點燃火源的衝動等，這種行為屬於一種性偏差，稱為「縱火癖（**Pyromania**）」，不過這種類型在日本幾乎沒有報告。

因為英雄主義而縱火

這種類型的犯人會在自己放火之後，主動滅火或聯絡警察和消防部門，目的是為了讓自己成為「英雄」。其中有些犯人立志要成為消防員，或者已經是消防員，或隸屬於消防隊的人。

報復性縱火

為了向仇恨對象復仇而縱火的類型。不只會對人際關係中實際上的仇人報復，也有可能會對「有錢人」「學校」或「社會」等抽象性的對象做出報復性的縱火。

為了發洩鬱悶而縱火

為了消除日常生活中累積的焦躁不安或不滿而縱火的類型。與「報復性縱火」不同，這種類型的特徵是縱火的對象通常與不滿的原因完全無關。是縱火犯中最常見的類型，尤其常見於連續縱火犯。

獲益型縱火

為了得到火災保險金等利益而縱火。

與犯罪組織有關之縱火

犯罪組織可能會為了威脅對方或介入糾紛而縱火。日本的暴力團體經常會做出這種類型的縱火行為。

與恐怖攻擊有關的縱火

基於政治性或宗教性的恐怖主義，利用縱火行為作為破壞性活動的一環。根據其背景思想決定攻擊目標，例如政府或政黨建築、警察機構、皇宮、宗教機構、企業、外國大使館或相關設施、外國人學校等，並且大多會使用到爆炸物。

為了掩蓋其他犯罪而縱火

為了湮滅盜用公款、竊盜或殺人等犯罪證據而縱火的類型。有些犯人原本是為了竊盜而侵入住居，但因為沒有獲得足夠的成果，於是在現場縱火以達到湮滅證據與發洩怨氣的目的。

參考文獻

『Progress & Application 司法犯罪心理学』(著 越智啓太・サイエンス社)／『ポケット図解 犯罪心理学がよ～くわかる本』(著 越智啓太・秀和システム)／『ケースで学ぶ犯罪心理学』(著 越智啓太・北大路書房)／『犯罪捜査の心理学―凶悪犯の心理と行動に迫るプロファイリングの最先端』(著 越智啓太・新曜社)／『朝倉心理学講座〈18〉犯罪心理学』(編 越智啓太・朝倉書店)／『入門 犯罪心理学』(著 原田隆之・筑摩書房)／『痴漢外来――性犯罪と闘う科学』(著 原田隆之・筑摩書房)／『男が痴漢になる理由』(著 斉藤章佳・イースト・プレス)／『介護殺人の予防―介護者支援の視点から』(著 湯原悦子・クレス出版)
※除此之外，還參考了許多書籍、網站、論文等資料。

國家圖書館出版品預行編目資料

圖解 犯罪心理學 : 連環殺人、性犯罪、家庭暴力、詐欺、竊盜……各種不同犯罪案件的犯罪心理,都由專家來為您完整解說! / 越智啟太監修 ; 高慧芳譯. -- 初版. -- 臺中市 : 晨星出版有限公司, 2025.08
面 ; 公分. -- (知的! ; 234)
譯自 : 眠れなくなるほど面白い 図解 犯罪心理学

ISBN 978-626-420-134-6 (平裝)

1.CST: 犯罪心理學 2.CST: 犯罪行為 3.CST: 犯罪動機

548.52 114006779

知的！234

圖解 犯罪心理學：連環殺人、性犯罪、家庭暴力、詐欺、竊盜……各種不同犯罪案件的犯罪心理，都由專家來為您完整解說！

眠れなくなるほど面白い 図解 犯罪心理学

監修者 越智啟太
內文圖版 寒水久美子
封面插畫 羽田創哉（アイル企画）
譯者 高慧芳
編輯 吳雨書
封面設計 ivy_design
美術設計 曾麗香

創辦人 陳銘民
發行所 晨星出版有限公司
407台中市西屯區工業區30路1號1樓
TEL：（04）23595820 FAX：（04）23550581
http://star.morningstar.com.tw
行政院新聞局局版台業字第2500號
初版 西元2025年8月15日 初版1刷

讀者服務專線 TEL：（02）23672044 /（04）23595819#212
讀者傳真專線 FAX：（02）23635741 /（04）23595493
讀者專用信箱 service @morningstar.com.tw
網路書店 http://www.morningstar.com.tw
郵政劃撥 15060393（知己圖書股份有限公司）

印刷 上好印刷股份有限公司

定價350元

ISBN 978-626-420-134-6